5-7, rue de l'Ecole polytechnique, 75005 Paris

http://www.harmattan.fr
diffusion.harmattan@wanadoo.fr
harmattan1@wanadoo.fr

ISBN : 978-2-343-03828-5
EAN : 9782343038285

SANTÉ ET JUSTICE

Collection ***Criminologie***
dirigée par Robert Cario

La criminologie apparaît comme un champ pluri et transdisciplinaire de connaissances, d'investigations, d'expertises et de traitement qui peine à être reconnu en France. Principalement mise en œuvre dans le domaine de la prévention, elle occupe également, au cas d'échec, une place prépondérante dans le procès pénal. Plus largement encore, la criminologie contribue à la restauration psychologique et sociale des protagonistes, dans l'endroit comme dans l'envers du crime.

Dans de nombreux pays, la discipline fait l'objet d'enseignements, de recherches et d'applications à la mesure de la complexité du phénomène criminel qui la nourrit. Dans d'autres encore, la profession de criminologue s'inscrit en totale harmonie avec les métiers de la justice, de la médecine, de la psychologie et du social.

La présente collection ambitionne de rassembler des ouvrages scientifiques et des travaux de terrain, appuyés tant sur les théories dominantes que sur les bonnes pratiques en agressologie ou victimologie, à l'intention de publics variés : étudiants, enseignants, chercheurs, magistrats, praticiens de toutes disciplines confrontés aux problématiques délinquantes, citoyens épris de justice.

Ouvrages parus

P.V. Tournier (Dir.), *La Babel criminologique*
S. Abdellaoui (Dir.), *Les jeunes et la loi*
P. V. Tournier, *Dictionnaire de démographie pénale*
P.V. Tournier (Dir.), *Dialectique carcérale*
P.V. Tournier (Dir.), *Enfermements*
S. Abdellaoui (Dir.), *L'expertise psycholégale*

Série ***Champ pénitentiaire***
dirigée par Paul Mbanzoulou

La série Champ pénitentiaire contribue à la diffusion des connaissances élaborées à partir de l'analyse du champ pénitentiaire dans sa diversité et sa complexité. Les ouvrages individuels ou collectifs proposés par des chercheurs ou des praticiens ont en commun d'affiner la compréhension des dynamiques institutionnelles, des processus de construction des pratiques professionnelles, des politiques de prise en charge des personnes placées sous main de justice et des mécanismes de la privation ou de restriction de liberté.

Ouvrages parus

G. de Coninck, G. Lemire, *Etre directeur de prison*
P. Mbanzoulou, M. Herzog-Evans, S. Courtine (Dir.), *Insertion et désistance des personnes placées sous main de justice. Savoirs et pratiques*
P. Mbanzoulou, F. Dieu (Dir.), *Administration pénitentiaire et Justice. Un siècle de rattachement*

Sous la direction de
Paul MBANZOULOU et Philippe POTTIER

SANTÉ ET JUSTICE

SAVOIRS ET PRATIQUES

L'Harmattan

Ont participé à cet ouvrage

Eric Pechillon, maître de conférences de droit public, Université de Rennes 1

Jean-Louis Senon, professeur de psychiatrie, Université de Poitiers

Olivier Sannier, praticien hospitalier, responsable de l'UCSA du CP de Liancourt

Aline Chassagne, ingénieur d'études et de recherches, CHU de Besançon

Régis Aubry, professeur de médecine, chef du service des soins palliatifs au CHU de Besançon

Renaud Bouvet, praticien hospitalier universitaire, CHU de Rennes

Alexandre Litzler, doctorant, Université de Paris Ouest

Marlène Abondo, praticien hospitalier, psychiatre, CRIAVS, CHU Pontchaillou de Rennes

Régis Bedry, responsable du pôle médical de l'UHSI de Bordeaux

Michel Fix, médecin-chef de l'UCSA de Fleury-Mérogis

Aude Leroy, doctorante, Ecole normale supérieure de Cachan, boursière de l'Énap

Xavier Lameyre, magistrat

Philippe Pottier, directeur de l'Ecole nationale d'administration pénitentiaire

Olivier Razac, enseignant-chercheur, CIRAP-Énap

Avant-propos

Depuis juin 2010, l'Ecole nationale d'administration pénitentiaire (Énap) organise tous les deux ans, en partenariat avec d'autres équipes de recherche, des journées internationales de la recherche en milieu pénitentiaire réunissant des chercheurs et des professionnels sur une thématique en lien avec l'actualité pénitentiaire et/ou législative, les préoccupations des acteurs de terrain ou les recherches menées à l'Énap par le Centre interdisciplinaire de recherche appliquée au champ pénitentiaire (CIRAP).

Répondant ainsi au besoin d'échange et de partage de connaissances, ces journées incitent les chercheurs d'horizons disciplinaire et géographique différents, à confronter avec les acteurs de terrain leurs regards et analyses sur des sujets d'intérêt commun, au bénéfice de nos élèves et des personnels pénitentiaires.

Comme tous les colloques organisés à l'Énap, ces journées constituent, en effet, des actions pédagogiques en direction de nos élèves. Elles contribuent à la mise en place d'outils permanents de réflexion, pour l'administration pénitentiaire en général et pour l'Énap en particulier, permettant de nourrir la formation des personnels et la mise en place de nouveaux projets.

Le thème « Santé et Justice» de ces deuxièmes journées internationales est particulièrement pertinent, tant l'apparente antinomie de ces deux domaines et leur complexité nécessitent des analyses et échanges sans cesse renouvelés, à l'aune des pratiques, des connaissances et des orientations politiques et législatives. Plusieurs thèmes ont pu être traités durant ces deux journées de colloque comme : le parcours de soin et la coopération des acteurs ; le handicap en milieu carcéral ; le secret partagé ; la prise en charge des auteurs d'agression sexuelle ; l'offre de soins en prison ; les droits du patient détenu ; la santé mentale en milieu carcéral ; les contraintes de sécurité et les possibilités de soins pour les patients soignés en UHSI.

Sans surprise, la question du secret médical est restée au centre des échanges. Si pour les personnels pénitentiaires, cette problématique n'épuise pas le champ de la collaboration pluridisciplinaire, en imaginant un espace de partage possible sur les questions en lien avec la sécurité des personnes, le corps médical souligne quant à lui, l'absence de dispositions légales visant à mettre en place un secret partagé dans la relation soignant/administration pénitentiaire.

Par l'organisation de ces deuxièmes journées internationales de la recherche en milieu pénitentiaire et la publication de ces actes, l'Énap entend contribuer au nécessaire rapprochement et dialogue entre les professionnels de santé intervenant dans le cadre judiciaire et les professionnels pénitentiaires.

Philippe Pottier

Directeur de l'École nationale d'administration pénitentiaire

Introduction

par Paul Mbanzoulou

La thématique de ces journées fait depuis de nombreuses années l'objet de multiples travaux dans le champ des sciences humaines et sociales, tant sur le registre des soins somatiques que psychiatriques, et donne lieu très régulièrement à des manifestations scientifiques et institutionnelles.

Sur le plan de la recherche, ce sujet « Santé et Justice » s'analyse globalement autour de trois types de questionnements : tout d'abord, une interrogation fondamentale sur les modalités d'articulation et de disjonction des registres de la peine et du soin ; ensuite, une analyse des pratiques et des collaborations professionnelles des personnels soignants et pénitentiaires dans le contexte de la prise en charge sanitaire des personnes détenues ; enfin, une mise en perspective des rapports que les personnes détenues entretiennent au corps, à la santé et à l'offre de soin.

Le bilan de la réforme des soins en milieu pénitentiaire, consacrée par la loi n° 94-43 du 18 janvier 1994 relative à la santé publique et à la protection sociale est désormais dressé. De même, l'état des lieux des « besoins de santé » et l'analyse des particularités de l'exercice médical en prison sont des thèmes largement éprouvés. Ceci posé, plusieurs pistes de réflexion pourraient être parcourues et renouvelées, tant en raison de l'actualité que du manque (relatif) de travaux sur certains aspects et enjeux.

Premièrement, une réflexion fondamentale sur la question de plus en plus vive du *soin contraint* dans la mesure où, si ce dernier va *a priori* à l'encontre de la lettre et de l'esprit de la loi de 1994 organisant l'offre de soin en prison, les évolutions institutionnelles récentes tendent à le mettre particulièrement en valeur et, de fait, à réorganiser tout ou partie du dispositif : obligation de soin, injonction de soin, incitation au soin, mesures de sûreté, hospitalisation sans consentement, pénalisation des malades mentaux.

Deuxièmement, certaines modifications récentes de l'offre de soin en milieu pénitentiaire, avec notamment l'ouverture des Unités hospitalières sécurisées interrégionales (UHSI) et des Unités hospitalières spécialement aménagées (UHSA), posent un certain nombre de questions relatives à l'entrée, matérielle mais aussi symbolique, de la prison dans l'hôpital ; aux collaborations entre les personnels de santé et les personnels pénitentiaires, et les nouveaux types de missions que ces différents professionnels sont amenés à exercer ; aux conditions d'application de la suspension de peine pour raisons médicales, instituée par la loi du 4 mars 2002 ; aux changements que l'ouverture des UHSA pourrait induire sur le fonctionnement des Services médico-psychologiques régionaux (SMPR), des services de psychiatrie générale intervenant en prison, des Unités pour malades difficiles ; aux types de soins psychiatriques mis en œuvre au sein des UHSA, et leur pertinence globale comme réponses à l'inflation des pathologies psychiatriques en détention.

Troisièmement, une autre piste, finalement trop peu traitée dans les travaux scientifiques, est celle des parcours de soins des détenus, analysés plus précisément sous l'angle de leur rapport au corps, à la santé et à l'offre de soin en milieu pénitentiaire.

L'intitulé retenu pour ces journées, « Santé et Justice », reste volontairement vague. Même s'il renvoie déjà à un thème spécifique, il laisse subsister des questions qui nous ont préoccupés dans la préparation de ces journées :

- Fallait-il axer ces journées sur la nébuleuse des soins dans le contexte de la carcéralité (« Santé – Prison » ?), dans celui de l'exécution des peines (« Santé – Exécution des peines » ?), dans le contexte judiciaire élargi ? (« Santé – Justice » ?) Ou encore, fallait-il questionner le soin dans ses rapports à l'enfermement, à la peine, à son exécution ?

- Devions-nous « choisir » entre soins « somatiques » et soins « psychiatriques » ? Si dans les deux cas il est bien question de « santé » et si une part des problématiques est commune aux deux (la collaboration entre professionnels aux missions et cultures distinctes, l'articulation entre peine et soin, les débats sur le secret professionnel, etc.), d'autres problématiques peuvent s'avérer plus spécifiques (suspension de peine pour raison médicale, vieillissement de la population carcérale, éducation à la santé, augmentation des pathologies psychiatriques en détention, clinique sous contrainte, évaluation et traitement de la dangerosité, logique psychothérapeutique versus logique criminologique de prévention de la récidive).

Pour y répondre, les contributions réunies dans cet ouvrage sont placées dans trois axes transversaux.

Le premier axe, **droits et condition des patients détenus**, interroge le type de sujet sous-tendu par la collusion des catégories de « patient » et de « détenu ». Le modèle de la loi de 1994 est la séparation claire et définitive des missions dévolues aux services de l'exécution des peines et aux services de soin. S'il est indiscutable que la qualité des soins s'est considérablement améliorée, cette séparation n'aura peut-être fait que déplacer les points de croisement entre les deux logiques, redessinant les contours d'une figure ambiguë et paradoxale, celle d'un sujet à la croisée du pénal et du médical, sujet à punir et sujet à soigner.

C'est ainsi que la contribution d'Eric Péchillon, en s'appuyant sur les dernières évolutions apportées par la loi pénitentiaire, tente de restituer le processus de la lente reconnaissance d'un statut administratif du détenu à travers l'entrée progressive des questions de santé dans la législation pénitentiaire. La figure ambiguë et paradoxale soulignée ci-dessus, s'extériorise nettement dans la pratique des aménagements de peine. En analysant l'économie morale des « évaluations de personnalité » dans les décisions d'aménagement des peines, Aude Leroy pointe ici l'épineuse question de la dangerosité et du risque de récidive et les tensions observables entre deux types d'injonctions : une vision sécuritaire déterministe des hommes et une injonction exigeant du détenu qu'il s'extraie lui-même de ses déterminismes. La problématique des vulnérabilités en détention complète l'analyse de ces tensions entre droit au soin, condition de handicap et perte d'autonomie dans un environnement caractérisé par l'enfermement. Quant à la contribution d'Olivier Sannier, elle questionne ici les compensations des situations de handicap en milieu carcéral en proposant une méthodologie pertinente et les domaines à explorer dans la mise en place des solutions de compensation.

Le deuxième axe, **contrat de soin et contrainte au soin**, est susceptible de réunir le somatique et le psychiatrique. Il réunit des contributions qui abordent de différentes manières la tension constitutive du soin comme de la peine, entre *contrat* de soin et *contrainte* au soin. *Contrat*, qui est bel et bien le modèle idéalisé de la loi du 18 janvier 1994 organisant les soins en prison ; l'offre de soin y étant calquée, non sans torsions et paradoxes, sur le modèle de la médecine en milieu libre. *Contrainte*, qui se décline bien sûr dans les dispositifs de soins obligés (en milieu ouvert et également, depuis la création des UHSA et des centres socio-médico-judiciaires de rétention de sûreté, en milieu fermé), mais aussi dans les dispositifs de soins *a priori* libres lorsqu'on s'interroge sur l'« incitation au soin », le « travail sur la demande », l'« engagement dans le soin » pour faciliter un futur aménagement de peine.

La contribution de Xavier Lameyre est au cœur de ces différentes questions. Elle analyse la nébuleuse des soins pénalement ordonnés au regard des contraintes éthiques nécessaires à la pratique judiciaire. D'autant que les professionnels engagés dans la mise en place des soins pénalement ordonnés sont sans cesse confrontés à deux logiques en tension consécutives à la coexistence des préoccupations sécuritaire (tournée vers la défense de la société) et humaniste (tournée vers la compréhension des personnes). Cette intrication entre peine et soins, est finement analysée dans la contribution d'Olivier Razac centrée sur le milieu ouvert. En pointant l'influence croissante d'une rationalité sanitaire dans la peine, due à l'autonomisation de la médecine pénitentiaire (loi de 1994) et à l'augmentation quantitative et qualitative des différentes formes de soins pénalement contraints, l'auteur montre comment la rationalité sanitaire (de soulagement d'une souffrance) et la rationalité pénale (de contrainte afflictive) entrent frontalement en conflit dans l'application des peines en milieu ouvert.

En faisant un état des lieux de « la santé mentale en milieu carcéral », la contribution de Jean-Louis Senon explore le champ des tensions et des crispations entre « Santé et Justice ». Sa contribution éclaire, en effet, un nouvel aspect du problème : la question du soin psychiatrique en détention favorisé par la forte prévalence de troubles mentaux dans les prisons. Se pose alors la question de savoir jusqu'où aller, ou ne pas aller, dans les soins apportés par l'hôpital psychiatrique à la population pénale, d'autant que les missions des équipes psychiatriques se sont considérablement élargies depuis 1994 et que de nombreux intervenants font actuellement part de leur découragement. La présentation de l'offre de soins faite par Michel Fix complète bien les analyses de Jean-Senon. Cette contribution prolonge le débat en pointant les questions de violence carcérale, de secret médical et du consentement libre et éclairé du « patient-détenu ». Entre contrat de soin et contrainte au soin, la contribution de Michel Fix place l'intérêt du patient et son consentement au cœur de la collaboration privilégiée des services médicaux et l'administration pénitentiaire.

Le troisième axe aborde enfin les problématiques du **traitement et des acteurs de soins**. Cet axe s'ouvre avec la contribution de Renaud Bouvet portant sur le parcours de soin et la coopération des acteurs. Au-delà du rappel historique des évolutions intervenues dans l'optimisation de la prise en charge des assurés sociaux, cette contribution cible davantage les trois enjeux actuels de la coopération Santé-Justice-Administration pénitentiaire : l'organisation de l'offre de soin ; l'information et la prise en charge psychiatrique des détenus. C'est Alexandre Litzer qui aborde la très sensible question du secret partagé et du partage opérationnel d'information. Cette contribution riche en données juridiques, constate d'emblée l'absence de dispositions légales visant à mettre en place un secret partagé dans la relation soignant/administration pénitentiaire. De nombreuses tensions constatées autour du partage de l'information ne pourraient dès lors s'apaiser que dans l'informel et par une meilleure connaissance des contraintes de chaque profession. Le domaine de la prise en charge psychiatrique des détenus et celui des auteurs d'agression sexuelle sont sans aucun doute ceux qui cristallisent le plus les tensions ressenties, dans la mesure où s'y ajoutent la problématique de la dangerosité et celle des risques de récidive. Pour ne parler que des auteurs d'agression sexuelle, on pourrait se demander, comme le fait dans cet axe Marlène Abondo, si l'auteur d'agression sexuelle relève-t-il d'un « traitement », de « soins » et qui doit s'en occuper ? En déconstruisant la complexité des termes « prise en charge des auteurs d'agression sexuelle », la contribution de Marlène Abondo aborde aussi bien la question des méthodes d'évaluation que celles des stratégies d'intervention autour du traitement.

Ce troisième axe se clôt sur deux interventions abordant chacune des problématiques spécifiques et complémentaires. Tout d'abord la question des soins palliatifs en prison développée par Aline Chassagne questionne les enjeux médicaux, juridiques et éthiques des situations de personnes relevant de soins palliatifs en prison. Conçue pour accueillir prioritairement des individus valides, la prison s'accommode difficilement de la situation de personnes détenues relevant de soins palliatifs. Comme le montre cette contribution, un système d'interactions complexe se met en place dans lequel chaque professionnel ajuste ses missions habituelles à un questionnement plus global relatif au droit de la personne. Ensuite la question des contraintes sécuritaires et les possibilités de soins pour les patients soignés en UHSI traitée dans la contribution de Régis Bedry illustre bien les points de tension entre l'hôpital et la prison qui forment des mondes relativement autonomes, régis chacun par des contraintes organisationnelles et des missions propres.

DROITS ET CONDITION DES PATIENTS DÉTENUS

1

Les droits du patient détenu : la recherche d'un juste équilibre

par Éric Péchillon

Ce colloque « Santé et justice » offre l'occasion de s'interroger sur la place et la fonction du droit en détention au travers d'un prisme particulier, celui de la santé de la population pénale incarcérée. Lorsque les organisateurs de ces journées internationales de la recherche en milieu pénitentiaire m'ont proposé d'intervenir devant vous pour présenter « les droits du patient détenu », je me suis immédiatement demandé comment traiter un sujet aussi vaste et complexe sans prendre le risque de l'« exposé catalogue » qui non seulement serait fastidieux, mais nécessairement incomplet. Il m'a semblé important de présenter la pluralité et la complémentarité des normes existantes en prenant comme point d'appui la seconde loi pénitentiaire. J'ai alors décidé d'aborder la question en me plaçant du point de vue du rédacteur de la norme juridique. Pourquoi et comment rédiger un ensemble normatif ? Il ne s'agit pas de se substituer au législateur ou au Garde des Sceaux, mais d'examiner la manière dont les différents textes ayant trait à la santé en détention ont été conçus. Ce travail oblige à s'éloigner de l'approche traditionnelle adoptée par le juriste qui trop souvent n'aborde les questions qu'à partir de la jurisprudence, c'est-à-dire sous un angle trop contentieux. Pour ce faire, il convient d'adopter certains canons de la légistique (http://www.legifrance.gouv.fr/Droit-francais/Guide-de-legistique):
« *L'édiction d'une norme unilatérale [...] doit avant tout avoir pour objet de résoudre un problème clairement identifié, en vue d'atteindre un résultat précisément défini pour lequel des solutions non normatives apparaissent manifestement inappropriées. Une connaissance précise de l'état du droit en la matière constitue évidemment un élément indispensable de l'identification du problème comme du choix de la solution. Le concepteur d'un texte dispose, à cet égard, de nombreux outils. Toutefois, au-delà de la connaissance et de l'analyse du droit existant, une réflexion doit être menée sur l'utilité de*

la « réglementation », l'insuffisance de cette réflexion figurant parmi les causes de l'excès ou, ce qui revient au même, de la modification incessante des normes. Ainsi, toute idée d'action publique dont la mise en œuvre peut conduire à l'édiction d'une norme doit faire l'objet d'une étude, même sommaire, destinée à présenter les problèmes à résoudre, la solution recherchée et les avantages et inconvénients respectifs des différentes options qui sont envisageables pour la mettre en œuvre ».

L'entrée progressive des questions de santé dans la législation pénitentiaire : la lente reconnaissance d'un statut administratif pour le détenu

Depuis les années 1990, le service public pénitentiaire connaît une mutation profonde. A l'image de l'ensemble du droit français traditionnel reposant sur une conception dirigiste de l'intérêt général et des libertés publiques, l'ensemble des normes organisant la période de détention a dû évoluer. En prison, l'une des causes de cette transformation vient du fait que l'institution est brutalement passée d'une zone de « sous-droit » (importance des mesures d'ordre intérieur, responsabilité pour faute lourde, prise en charge de la population par un seul ministère, non reconnaissance de droits fondamentaux aux détenus...) à un lieu de surexposition juridique. Il est important de noter que les lieux d'incarcération font désormais l'objet d'une attention que peu d'autres services publics connaissent. D'un lieu refermé sur lui-même, le service public pénitentiaire est en vingt ans devenu l'un des services de l'Etat les plus contrôlés et surveillés. Est régulièrement pointée du doigt une multitude de faits et de situations qui souvent entraînent des réclamations voire des demandes de dédommagements. Chacun (personnel pénitentiaire, soignant, magistrat, détenu, famille, victime) semble chercher sa place et use d'arguments juridiques pour se faire entendre. Il a, par conséquent, fallu faire évoluer le cadre et les modalités de la prise en charge de la population pénale et, dans le même temps, organiser les relations avec de multiples partenaires.

C'est donc à un long travail d'écriture, de qualification juridique des différentes situations puis de hiérarchisation des moyens d'action qu'ont dû se livrer les différents gouvernements successifs. Comme trop souvent, faute de temps, d'argent et d'audace politique, la réforme globale du service public pénitentiaire n'a jamais pu (ou voulu) être réalisée. Basculant sans cesse, souvent au gré de faits-divers médiatisés (évasion, violence, suicide, récidive), entre deux approches antinomiques, les textes aboutissent à des compromis instables. Le temps juridique et administratif n'étant pas le temps politique et médiatique, trop de réformes ne vont pas à leur terme et sont modifiées dans l'urgence avant d'avoir produit leurs effets.

La première loi pénitentiaire n°87-432 du 22 juin 1987, en affirmant l'existence du service public pénitentiaire, voulait inscrire l'institution parmi les grands services de l'Etat et lui permettre de bénéficier de l'ensemble des moyens offerts par le droit administratif. Cela impliquait des interrogations autour des missions de la puissance publique, de l'externalisation, du statut du détenu et des fonctions de chacun des acteurs. Malheureusement, le texte n'avait pas été suffisamment bien rédigé pour éviter certains conflits de normes. L'un des plus significatifs a sans doute été l'application en détention de l'intégralité de la loi n°2000-321 du 12 avril 2000 relative aux droits des citoyens dans leurs relations avec les administrations. L'entrée en vigueur de ce texte a non seulement causé beaucoup d'incompréhension chez les différentes catégories d'agents participant à la prise en charge sanitaire de la population pénale, mais a surtout été l'occasion de s'interroger sur la possibilité, voire la nécessité, de créer un véritable droit de l'exécution des peines afin d'améliorer « l'efficacité » de la période de privation de liberté. La loi de 1987 portait en germe ce type d'interrogations, mais sans avoir pris soin de les formaliser.

Rédigée au moment où l'Etat envisageait la possibilité d'externaliser une partie de ses activités liées à la détention, au besoin en faisant appel au privé, cette loi a été à l'origine de plusieurs expérimentations, comme l'appel à certaines cliniques ou praticiens libéraux pour la délivrance des soins (art. 2 de la loi de 1987, Tribunal des conflits, 11 juin 2012, req. n°C3849, Société Dumez, AJPénal, 2012, n°9, p. 496). Par la suite, la loi n°94-43 du 18 janvier 1994 relative à la santé publique et à la protection sociale est intervenue afin de séparer les missions de surveillance et de soins. Ce texte est souvent présenté comme une avancée majeure dans la prise en charge sanitaire des détenus. Il est incontestable qu'en faisant entrer l'hôpital en détention, l'offre de soins s'est considérablement étoffée et que les détenus peuvent désormais bénéficier de droits supplémentaires. Cependant, en procédant de la sorte, le législateur n'a pas forcément anticipé toutes les conséquences théoriques et pratiques qu'impliquait l'application intégrale du Code de la santé publique dans un lieu traditionnellement réglementé par la partie décrétale du Code de procédure pénale. Outre les difficultés causées par la confrontation de normes de valeurs juridiques différentes, l'entrée de l'hôpital en détention a été à l'origine d'une fragmentation du statut du détenu, doublée d'un choc des cultures et des pratiques professionnelles entre les soignants et les surveillants.

Faire entrer l'hôpital en détention a obligé à réfléchir aux questions du secret, du consentement aux soins, du stockage en cellule de certains médicaments, du partage d'informations, du signalement, de la dignité, de la sexualité, de la prévention… Toutes ces questions se posaient bien évidemment depuis longtemps dans les prisons mais elles ont connu une nouvelle approche avec la confrontation entre deux manières d'appréhender l'usager, ses actes et ses besoins. Quelques exemples suffisent à illustrer ce point : le suicide, l'usage de drogues, le tatouage, l'automutilation, la violence, la maladie mentale. A chaque fois, il faut parvenir à concilier des approches différentes et pour cela édicter de nouvelles normes juridiques.

De la même manière, transporter un détenu vers un lieu de soins a obligé les deux institutions à s'organiser et à définir des modes de fonctionnement compatibles. Ont ainsi été organisées des structures d'accueil spécialisées (chambres sécurisés, UHSI et UHSA) pour lesquelles il a fallu se mettre d'accord sur les modalités de transport de surveillance et de financement. Avant même de prendre en considération des droits individuels de chaque patient, les textes et conventions locales ont cherché à prévoir les différents cas de figure, depuis le risque d'évasion ou de prise d'otage jusque l'incident médical nécessitant un « recul » du personnel de surveillance ou une atténuation des moyens de contrainte. Face à la grande diversité des lieux d'accueil, des pathologies, des profils de détenus, divers « incidents » et incompréhensions entre les équipes ont obligé le législateur à intervenir.

L'inscription des questions de santé dans la loi de 2009 : le détenu un patient sous écrou

La loi pénitentiaire n° 2009-1436 du 24 novembre 2009 est sur ce point la parfaite illustration de la réaction du Parlement face à une série de demandes contradictoires. Cette seconde loi pénitentiaire est en effet une norme juridique agglomérant des articles sans véritable ligne directrice. Ce texte est le « fruit d'échanges » entre l'exécutif et les deux chambres qui, par une série d'amendements plus ou moins bien rédigés, est venu dresser un bilan des droits du détenu en matière de soins et adapter le Code de la santé publique aux contraintes pénitentiaires. Ainsi la section 7 « De la santé » de la loi de 2009 commence-t-elle par rappeler à l'article 45 que « *l'administration pénitentiaire respecte le droit au secret médical des personnes détenues ainsi que le secret de la consultation, dans le respect des troisième et quatrième alinéas de l'article L.6141-5 du code de la santé publique.* ».

En soi, cet article est symptomatique des dysfonctionnements passés et d'une revendication très forte de la part des soignants et des patients. La maladie, les modalités de délivrance des soins, les symptômes et les contre-indications n'ont pas à être portés à la connaissance du personnel pénitentiaire et indirectement au juge de l'application des peines. Le législateur, en employant le verbe « respecte », impose une obligation de résultat à la charge de l'administration pénitentiaire et cherche à offrir de meilleures conditions de travail aux soignants. En procédant de la sorte, le patient détenu disposerait de la possibilité de poursuivre l'administration pénitentiaire pour ne pas être parvenu à garantir le secret médical. Cette obligation existait préalablement à son inscription dans la loi de 2009. Ce « rappel » peut donc sembler inutile. Il est cependant caractéristique d'une dérive de notre droit. Le législateur édicte une norme ambiguë fragilisant ainsi le secret médical et professionnel pourtant théoriquement opposable à tous, sans distinction, sans qu'il soit besoin de préciser qu'il l'est aussi à l'administration pénitentiaire. S'il ne se concluait pas par une référence à l'article L. 6141-5 du Code de la santé publique, cet article serait soit inutile soit incomplet, car pour être justifiable il aurait au minimum fallu prévoir une sanction particulière en cas d'atteinte au secret par l'administration pénitentiaire. Comment peut-on interpréter cet article ? Impose-t-il de revoir l'ensemble des procédures d'accueil des patients, la formation des surveillants et l'organisation des locaux ? Réaffirmer de la sorte un principe traditionnel du droit de la santé est certes un moyen de fixer des limites au personnel de surveillance mais également de rappeler aux soignants que le détenu n'est pas un patient ordinaire.

En effet, l'article L. 6141-5 est inscrit dans la partie relative à l'organisation des établissements publics de santé (art. 6141-1 et suivants). Il précise dans son premier aliéna qu'« *un ou plusieurs établissements publics de santé peuvent être spécifiquement destinés à l'accueil des personnes incarcérées ou des personnes faisant l'objet d'une rétention de sûreté* » et que par conséquent il n'est pas possible pour un détenu de choisir son lieu d'hospitalisation et que la liberté de choix du médecin n'existe pas en détention. En dehors du cas de la maladie mentale aiguë, la seule liberté pour un détenu consiste à pouvoir refuser le soin. De leur côté, les personnels soignants, qui doivent pouvoir exiger le respect du secret médical (dans l'intérêt du patient et du soin), sont dans l'obligation légale d'informer l'administration pénitentiaire de certains faits. Les alinéas 3 et 4 disposent que « *dès lors qu'il existe un risque sérieux pour la sécurité des personnes au sein des établissements mentionnés au premier alinéa du présent article, les personnels soignants intervenant au sein de ces établissements et ayant connaissance de ce risque sont tenus de le signaler dans les plus brefs délais au directeur de l'établissement en lui transmettant, dans le respect des dispositions relatives au secret médical, les informations utiles à la mise en œuvre de mesures de protection. Les mêmes obligations sont applicables aux personnels soignants intervenant au sein des établissements pénitentiaires* ». Le renvoi à ces deux aliénas dans l'article 45 de la loi de 2009 est un moyen pour le législateur de rappeler que le directeur de l'établissement pénitentiaire peut exiger que lui soient transmis certaines informations concernant le détenu usager dont il a la charge, mais qu'il ne peut prétendre avoir accès à une information médicale. Par ces deux alinéas, le législateur traduit par écrit toute la complexité du statut du détenu, à la fois patient et écroué.

Lorsqu'elle n'a aucun problème de santé, une personne incarcérée dispose de trois catégories de droits dont l'importance et le contenu ne cessent d'évoluer avec la constitutionnalisation et l'internationalisation du droit administratif. Chaque détenu-usager dispose ainsi de droits liés à son statut de personne humaine (dignité, intégrité, droit à la vie, à la santé), de droits de « citoyen » (justiciables, liberté d'expression, de conscience) et de droits en qualité d'usager du service public (égalité, mutabilité, accessibilité...). Le fait qu'il soit en plus usager du service public de la Justice vient un peu compliquer la donne en créant une distinction entre les prévenus et les condamnés (lieux d'incarcération, aménagement de peine, visite, liberté de communication...).

Lorsqu'il souhaite rencontrer un médecin ou que son état nécessite des soins voire une prise en charge sanitaire en dehors de la prison, le détenu change légèrement de statut puisqu'il devient en plus patient et, qu'à ce titre, il doit pouvoir bénéficier le plus possible des garanties offertes par le Code de la santé publique. Comme l'a récemment rappelé le Tribunal des conflits, le patient détenu n'est pas un patient de droit commun (TC, 11 juin 2012, req. n°C3849, Société Dumez, précité). Dans cette affaire, un détenu a été victime en 1997 d'un arrêt cardio-respiratoire suivi d'un coma anoxique. Poursuivis devant le tribunal correctionnel, les médecins intervenant pour le compte d'une société privée dans l'établissement ont été reconnus coupables d'avoir administré un traitement à l'origine directe de l'accident. Saisi suite à une décision de la Cour administrative de Lyon qui s'estimait incompétente pour allouer des indemnités, le Tribunal des conflits devait désigner la juridiction compétente pour régler les litiges en responsabilité faisant intervenir des personnes privées en détention, en particulier dans les établissements à gestion mixte ou « gestion déléguée ». Il a estimé que « *eu égard tant à la nature particulière que revêtait cette mission de service public administratif qu'aux conditions dans lesquelles elle était alors assurée, le détenu auquel des soins étaient dispensés dans le cadre qui était ainsi défini se trouvait, à l'égard de la personne, même de droit privé, chargée de cette mission, dans une relation de droit public* ». Cette relation de droit public explique que les droits du patient détenu ne sont pas exactement ceux d'un patient ordinaire mais n'autorise pas pour autant l'administration à y porter atteinte plus que nécessaire. Au contraire, la prise en charge sanitaire de la population pénale constitue une obligation de service public qu'il importe d'organiser sur l'ensemble du territoire.

3. – La santé en détention, une mission de service public complexe

L'alinéa 1er de l'article 46 de la loi pénitentiaire de 2009 dispose que « *la prise en charge de la santé des personnes détenues est assurée par les établissements de santé exerçant la mission de service public définie au 12° de l'article 6112-1 du code de la santé publique dans les conditions prévues par ce code* ». Le législateur a longtemps cherché la meilleure formule pour fixer les obligations à la charge des établissements hospitaliers. Devait-on, comme en 1994, créer une discrimination positive à l'encontre des détenus et leur garantir plus de droits qu'aux patients à l'extérieur ? Comment prévenir toutes les illégalités liées aux disparités territoriales ? L'offre de soins n'est pas la même sur l'ensemble du territoire. Il existe, par exemple, des déserts médicaux. Il fallait donc trouver la meilleure formule. Celle qui a finalement été retenue affirme que « *la qualité et la continuité des soins sont garanties aux personnes détenues dans des conditions équivalentes à celles dont bénéficie l'ensemble de la population* ». Encore une fois, chaque terme utilisé par le législateur se veut porteur de sens et entraîne des conséquences juridiques. Un détenu ne doit pas être soigné plus mal qu'une autre personne sur le territoire national. Dans le cas contraire, il y aurait rupture de l'égalité devant les charges publiques. Toute la question est de savoir désormais si un patient (incarcéré ou non) pourrait poursuivre la puissance publique pour ne pas être parvenu à proposer une offre de soin suffisante pour garantir le droit à la santé.

C'est justement sur ce point que le législateur a pris soin dans l'alinéa suivant de l'article 46 de préciser qu'« *un protocole signé par le directeur général de l'agence régionale de santé, le directeur interrégional des services pénitentiaires, le chef de l'établissement pénitentiaire et le directeur de l'établissement de santé concerné définit les conditions dans lesquelles est assurée l'intervention des professionnels de santé appelés à intervenir en urgence dans les établissements pénitentiaires, afin de garantir aux personnes détenues un accès aux soins d'urgence dans des conditions équivalentes à celles dont bénéficie l'ensemble de la population* ». Comme souvent, la loi cherche à organiser en amont le traitement des circonstances exceptionnelles afin d'éviter de laisser une part trop importante à la précipitation et à l'improvisation le moment venu. Il existe donc en matière de santé au moins deux types de situations : le soin programmable et le soin d'urgence. C'est par convention locale en fonction du profil de la population pénale, de l'offre de soins, des modalités de transports et de sécurisation que devra être organisé chaque territoire de santé. Chacun des acteurs devra connaître les attentes de ses « partenaires ». Devront par conséquent être organisées les modalités du signalement de l'urgence, du transport, de l'accueil durant le séjour et les suites une fois l'urgence passée. Ces contrats formeront le socle normatif de chaque secteur et devront faire l'objet de révisions régulières. Le législateur impose ainsi un mode de gouvernance basé sur le conventionnement et la négociation. Il n'est donc théoriquement plus question qu'un service public impose son point de vue aux autres. En pratique, on constate qu'il est loin d'être évident de se mettre d'accord sur la rédaction de telles conventions car d'un point de vue territorial le découpage de l'administration pénitentiaire ne correspond pas à celui de la santé, et d'un point de vue technique les pratiques et les attentes diffèrent. Chaque terme des conventions peut donner lieu à débat, comme par exemple l'urgence, la place du surveillant ou du soignant, la sécurité, le statut du détenu à un instant T… Sur ce point, l'administration pénitentiaire bénéficie d'obligations nettement moins contraignantes puisqu'à la différence des équipes soignantes elle ne supporte que des obligations de moyens. La loi prévoit ainsi que *« l'administration pénitentiaire favorise* [sans garantir donc] *la coordination des différents intervenants agissant pour la prévention et l'éducation sanitaires* ». Il ne pourra donc pas lui être reproché l'échec des politiques sur ces questions, mais uniquement une éventuelle mauvaise volonté, très difficile à démontrer. De la même manière, l'article 46 se termine en rappelant qu'« *elle assure un hébergement, un accès à l'hygiène, une alimentation et une cohabitation propices à la prévention des affections physiologiques ou psychologiques* ». C'est cet unique adjectif et surtout le « s » final qui donne du sens à cette énumération. L'administration pénitentiaire n'a pas à garantir que tout détenu trouve à chaque fois et en permanence un lieu de détention qui lui convienne individuellement. Le législateur, sous l'indéniable pression du droit international, demande néanmoins à ce que l'exécutif repense l'organisation de ses établissements afin de limiter objectivement les effets néfastes de l'incarcération. Une obligation que le juge administratif commence à rappeler par la voie du référé comme ce fut le cas fin 2012 à la prison des Baumettes (CE, ord. 22 décembre 2012, Section française de l'observatoire international des prisons et autres, req. n° 364584, 364620, 364621, 364647 ; TA de Marseille, 10 janvier 2013, Section française de l'observatoire international des prisons, req. 1208146).

Depuis la jurisprudence Mouisel contre France du 14 novembre 2002, la Cour européenne des droits de l'homme exige qu'en plus de disposer de locaux adaptés en détention, un Etat apporte en permanence des soins appropriés à l'état du détenu. Cela suppose donc de « diagnostiquer » les besoins individuels et d'ajuster l'offre de soins à la pathologie de chaque personne. La Cour impose également que l'hospitalisation d'un détenu soit possible à chaque fois qu'une situation le justifie. Cette sortie de l'établissement ne doit pas nécessairement entraîner une levée d'écrou. Par conséquent, il est parfaitement envisageable de continuer à purger sa peine durant la période de soins. Ce maintien sous écrou présente un double avantage. Du point de vue du patient, cela permet de ne pas conduire à une forme d'allongement de la durée de privation de liberté surtout lorsqu'il s'agit d'une hospitalisation sous contrainte en psychiatrie. Du point de vue de la puissance publique, l'absence de levée d'écrou permet d'organiser une surveillance de type pénitentiaire durant les périodes de soins en dehors des lieux traditionnels de détention. Par contre, le maintien du statut de personne écrouée peut peser sur l'organisation des espaces de soin et de séjour hospitalier en compliquant le travail du personnel soignant et donc porter atteinte aux droits du patient.

La maladie mentale en détention : entre soins volontaires et police administrative spéciale

La prise en charge sanitaire de certains détenus peut s'avérer délicate, notamment au moment d'une hospitalisation. C'est le cas actuellement pour les détenus placés en soins sous contrainte à la demande du préfet (art. D. 398 du CPP). En effet, ces derniers restent sous écrou mais, à la différence des détenus hospitalisés en soins somatiques, ils ne font pas l'objet d'une surveillance extra hospitalière. Cette forme de police administrative spéciale confiée au préfet a été maintenue « provisoirement » par le législateur au 2011 au moment de la réforme de la loi de 1990. La loi n° 2011-803 du 5 juillet 2011 « relative aux droits et à la protection des personnes faisant l'objet de soins psychiatriques et aux modalités de leur prise en charge » traite la population pénale de manière particulière. Une fois écroué, le patient psychiatrique ne dispose plus des mêmes droits qu'un patient ordinaire. En effet, il est impossible pour un tiers de demander une prise en charge sous contrainte pour un détenu. Le SDT pénitentiaire n'existe donc pas, privant ainsi certains patients de soins adaptés. Cette situation peut sans doute s'expliquer par l'ambiguïté du statut du tiers pouvant solliciter le placement en période d'observation sous contrainte durant 72 heures. Afin d'éviter des demandes de soins trop nombreuses, surtout durant le week-end, le législateur a explicitement refusé au personnel pénitentiaire le droit de revendiquer le statut de tiers vis-à-vis d'un détenu.

Cependant, en écartant toute idée de soins à la demande d'un tiers, il a créé une procédure de soins à la demande du représentant de l'Etat spécifique pour les détenus, en conservant le mécanisme existant à l'article D. 398 du Code de procédure pénale. On peut regretter ce choix qui conduit à maintenir en détention des patients dont l'état de santé n'est pas adapté à la détention, même si juridiquement compatible avec cette dernière. Certains patients sont en effet dans l'incapacité de demander du soin soit parce qu'ils nient leur pathologie soit parce que leur état les rend incapable de solliciter des soins (CAA Douai, 7 janvier 2013, req. n°12DA01478). Dans cette affaire, un détenu est parvenu à recevoir 12000 euros au titre des préjudices subis du fait de ses conditions de détention en dénonçant diverses fautes de l'administration pénitentiaire. Son avocat est parvenu à démontrer en référé qu'aucune prise en charge sanitaire et médicale adaptée n'a été proposée au détenu. L'article 46 de la loi pénitentiaire de novembre 2009 précise en effet que « *l'état psychologique des personnes détenues est pris en compte lors de leur incarcération et pendant leur détention* ». Compte tenu du comportement du détenu et des informations dont il disposait, le juge a considéré que la maladie mentale de celui-ci ne pouvait être ignorée du personnel de surveillance et que l'administration aurait dû réagir plus efficacement afin de lui proposer une prise en charge plus adaptée à son état. Selon la Cour administrative d'appel, « *eu égard à la nature et à la gravité des troubles dont est atteint [M. X.], du besoin avéré de soins appropriés pour éviter une pérennisation ou une aggravation de sa maladie et du retard à adopter des dispositions appropriées, le placement prolongé de ce dernier en maison d'arrêt destinée à accueillir des détenus en bonne santé est, par suite, une faute dans l'organisation et le fonctionnement du service pénitentiaire, susceptible d'engager la responsabilité de l'État* ». Selon la Cour, l'administration ne pouvait échapper à sa responsabilité en invoquant seulement les efforts réalisés afin de trouver le plus rapidement possible un lieu de soins adapté. Le simple fait de maintenir une personne souffrant d'une maladie mentale aussi lourde dans une maison d'arrêt surpeuplée et ne disposant pas dans les murs d'une offre de soins suffisante est constitutif d'une faute. La faute de la puissance publique s'aggrave lorsque le juge constate que l'Etat ne dispose pas des moyens matériels d'affecter cette population dans des locaux appropriés. L'importance de l'indemnisation dépendra de la gravité des troubles mentaux et de la durée du placement. En accordant une indemnisation en référé le juge impose à l'administration de réagir immédiatement afin de faire cesser de tels préjudices qui perdurent tant que la situation n'évolue pas. Le juge administratif reconnaît ainsi que l'accueil des malades mentaux dans des prisons inadaptées est un problème que l'État ne peut plus ignorer.

Pourtant, en 2011, le législateur a fait un choix surprenant du point de vue juridique, même s'il se comprend aisément lorsque l'on connaît la réalité carcérale et les craintes que génère la population écrouée. A l'article L. 3214-1-I du Code de la santé publique, il est ainsi inscrit que « *les personnes détenues admises en soins psychiatriques* [sous contrainte] *ne peuvent l'être que sous la forme d'une hospitalisation complète* ». Cet article prive par conséquent l'ensemble des détenus de la possibilité de bénéficier des formes alternatives de soins et en particulier du programme de soins. A défaut d'avoir été soumis à l'examen du Conseil Constitutionnel et de la Cour européenne des droits de l'homme, il est permis d'avoir un doute sur la validité (et même l'opportunité) d'une telle exclusion. En effet, les détenus sont privés d'une offre de soins adaptée à leur état non pas en fonction de leur pathologie mais du seul fait de leur statut administratif d'usagers du service public pénitentiaire. Si l'on comprend facilement que l'ensemble des programmes de soins n'est pas possible pour les détenus, il est excessif de les interdire par principe. Théoriquement, chaque programme de soin doit être élaboré par un psychiatre en fonction de l'état de santé d'un patient et faire dans un second temps l'objet d'une formalisation par l'autorité préfectorale (SDRE). Certaines pathologies peuvent parfaitement faire l'objet d'un suivi en détention, surtout lorsque celui-ci dispose d'un SMPR.

En matière psychiatrique, le législateur a pris une seconde position difficilement tenable en pratique en rédigeant l'article L.3214-1-II du Code de la santé publique de la manière suivante : « *L'hospitalisation en soins psychia-*

triques d'une personne détenue atteinte de troubles mentaux est réalisée dans un établissement de santé mentionné à l'article L 3222-1 au sein d'une unité hospitalière spécialement aménagée ou, sur la base d'un certificat médical, au sein d'une unité pour malades difficiles mentionnée à l'article L. 3222-3. Toutefois, lorsque leur intérêt le justifie, les personnes mineures détenues peuvent être hospitalisées dans un établissement mentionné à l'article L. 3222-1 en dehors des unités prévues au premier alinéa du présent II ». Cette formulation a de quoi laisser perplexe lorsque l'on connaît le nombre de places prévues dans les UHSA. Outre le fait que leur nombre est particulièrement faible compte tenu des besoins de soins de la population pénale, il faut garder en tête que ces structures devront également accueillir les détenus volontaires pour suivre des soins en hospitalisation libre. A cela s'ajoute le fait que le soin psychiatrique est souvent de longue durée et que le législateur a interdit l'organisation de programme de soins. Une fois le programme de construction des UHSA achevé, il restera trois solutions : soit envisager un mécanisme de suspension de peine pour motif psychiatrique, soit relancer un nouveau programme de prison psychiatrique, soit rétablir un mécanisme d'hospitalisation sous contrainte en établissement hospitalier classique sur le modèle de l'article D. 398 du Code de procédure pénale. Cet article, toujours pas abrogé et encore largement utilisé, mériterait d'ailleurs d'être réécrit dans une disposition législative (exigences de la hiérarchie des normes) afin d'offrir plus de garanties sur la mission du préfet et sur les critères de placements en observation à l'hôpital (ordre public spécial à défaut de SDT).

Confidentialité, secret et partage d'informations : la place du consentement du détenu

Au même titre que pour les autres types de pathologies, l'administration doit se doter des moyens humains, financiers et techniques pour accueillir dans des conditions dignes l'ensemble de la population pénale. Ce n'est pas à l'usager de s'adapter à l'institution mais à cette dernière d'évoluer en fonction des besoins des personnes accueillies. Sur ce point, le législateur demande de plus en plus à l'administration pénitentiaire d'être particulièrement vigilante afin de prévenir, de recenser et de réagir à chaque situation individuelle. S'il est possible d'imposer au détenu un certain nombre d'examens médicaux, il est interdit à l'administration pénitentiaire de ficher les détenus par pathologies supposées. De la même manière, afin d'éviter la confusion des fonctions, l'article 48 de la loi de 2009 rappelle que « *ne peuvent être demandés aux médecins et aux personnels soignants intervenant en milieu carcéral ni un acte dénué de lien avec les soins ou avec la préservation de la santé des personnes détenues, ni une expertise médicale* ». Cet article est encore une fois symptomatique de la situation carcérale. Lorsque vous le faites lire à un soignant n'intervenant pas en détention, il vous regarde immédiatement avec un œil interrogatif et vous demande de lui expliquer la signification de cette intervention du législateur. En effet, l'article 48 est une réaction face à la situation antérieure qui n'avait pas permis de déterminer clairement les liens entre les soignants et les personnels pénitentiaires. Il n'existe en effet aucun lien hiérarchique entre le directeur de l'établissement de détention et les soignants. Le Code de procédure pénale prévoit pourtant diverses visites ou avis médicaux obligatoires mais aussi la présence des soignants à diverses commissions dont la si controversée commission pluridisciplinaire unique qui a pour mission d'examiner les parcours d'exécution de la peine. Une circulaire interministérielle du 21 juin 2012 n° DGS/MC1/DGOS/R4/DAP/DPJJ/2012/94, publiée le 11 juillet 2012, relative « aux recommandations nationales concernant la participation des professionnels de santé exerçant en milieu carcéral à la commission pluridisciplinaire unique (CPU) prévue par l'article D. 90 du Code de procédure pénale ou à la réunion de l'équipe pluridisciplinaire prévue par l'article D. 514 du même code et au partage d'informations opérationnelles entre professionnels de santé et ceux de l'administration pénitentiaire et de la protection judiciaire de la jeunesse » montre en effet que les limites posées par le législateur sont bien fragiles.

La circulaire prévoit dans son annexe 1 une communication facultative par les personnels de santé de « *la réalisation des visites médicales réglementaires* », des « *certificats médicaux, légaux et réglementaires à l'exclusion des certificats destinés aux patients et remis en main propre* », de l'« *énoncé (sans précision du diagnostic) du risque sérieux pour le détenu ou pour autrui* », des « *principaux signes d'alerte à surveiller (sans énoncer le diagnostic)* », de « *la découverte de cas de maladies contagieuses ou à déclaration obligatoire* », des « *handicaps et incapacités du patient nécessitant une adaptation des conditions de détention* », du nom des personnes « *auxquelles doivent impérativement être remis des médicaments avant la libération* », des « *victimes de maltraitance* ». Le fait de prévoir par circulaire une communication facultative d'informations en cherchant à distinguer ce qui relève du secret médical et du simple échange de données dépasse la simple directive managériale visant à développer une nouvelle forme de coopération entre les services. Le principe fondateur de la prise en charge médicale est la confiance entre le patient et son soignant. Toutes les informations recueillies durant la prise en charge n'ont théoriquement pas vocation à être diffusées. Le respect d'une confidentialité est un impératif éthique et juridique qui conditionne la qualité de la prise en charge sanitaire. Le patient ne peut choisir son équipe soignante et se voit contraint à certaines visites médicales. Comment justifier par simple circulaire que les soignants puissent lever une obligation professionnelle ? C'est surtout lorsqu'il s'agit d'imposer la transmission d'informations quant aux « *situations susceptibles de présenter un risque pour la personne détenue et/ou pour autrui* » que la situation est encore plus délicate. La circulaire prévoit que le personnel soignant est tenu d'informer de la « *maladie contagieuse* », du « *risque suicidaire hors phase aiguë* », du « *risque de dangerosité (au sens psychiatrique du terme) en vue de prévenir les agressions* », de l'« *existence d'un suivi psychiatrique dans le cadre des demandes d'aménagements de peine* », de la « *nécessité et nature de l'hébergement dans le cadre de l'instruction des demandes de suspension de peine pour raison médicale* », de l'« *existence d'une ordonnance à la personne détenue pour justifier de la présence des médicaments en cellule* » et de l'« *existence d'un projet de soins élaboré avec le patient détenu en vue de le mettre en cohérence avec le projet de sortie ou d'aménagement de peine* ».

Cette longue liste devrait supposer au minimum un accord du patient car il s'agit de communiquer à une communauté non médicale et fort nombreuse des informations qui risquent d'avoir une incidence sur le prononcé d'une grande variété de décisions. Le premier droit du patient est le respect de sa vie privée. L'incarcération ne peut justifier que l'état de santé (même sans diagnostic) soit révélé et archivé sans précaution. Or, toutes ces informations sont concernées par le secret professionnel pesant sur les soignants qui recouvre l'ensemble des informations sur la personne venues à la connaissance du professionnel de santé, non seulement en ce qui concerne son état de santé mais aussi en ce qu'il a confié volontairement ou en ce que le médecin a compris à son propos. C'est au seul législateur, dans le respect des principes constitutionnels et conventionnels, qu'il revient de définir le principe et le cadre précis d'un échange d'informations entre services. Cela ne peut se faire en passant outre l'opposition du patient. Il faut simplement prévenir le patient détenu que s'il refuse la mise en commun d'informations touchant à sa vie privée il devra renoncer à ce que certaines décisions individuelles soient prises en sa faveur. En dehors du cas des mineurs, dont le statut en détention devra lui aussi être revu, et des majeurs protégés, pour lesquels la place des tuteurs et curateurs durant l'incarcération est incomplet, le reste de la population pénale dispose, jusqu'à preuve du contraire, de la capacité d'exprimer son refus et d'en subir les conséquences. Si à l'extérieur un individu peut refuser que l'on communique sur sa vie privée, pourquoi devrait-il en être différemment en détention ?

L'instauration législative d'un permis de visite « sanitaire »

Il reste un dernier point sur lequel on peut insister pour illustrer la question des droits du patient détenu. Il s'agit de la possibilité d'écarter certaines dispositions législatives prévus pour l'ensemble des patients depuis la loi du 4 mars 2002. A cette époque, le législateur avait fait le choix de garantir à l'ensemble des patients des droits visant à protéger leurs intérêts. Rapidement les patients détenus se sont retrouvés face des difficultés pour faire appliquer leurs droits de patients « ordinaires » en situation extraordinaire. Afin de clarifier la situation, l'article 49 de la loi de 2009 dresse la liste de l'ensemble des situations dans lesquelles un détenu peut se trouver et instaure une forme inédite de permis de visite. C'est ainsi que « *doivent être titulaires d'un permis de visite les autorisant à s'entretenir avec les personnes détenues, hors de la présence du personnel pénitentiaire 1° Les personnes bénévoles intervenant auprès des personnes malades en fin de vie, visées à l'article L. 1110-11 du code de la santé publique; 2° Les personnes majeures accompagnant les personnes malades mineures, visées à l'article L. 1111-5 du même code ; 3° Les personnes de confiance accompagnant et assistant les personnes malades, visées à l'article L. 1111-6 du même code ; 4° Les personnes présentes lors de la consultation des informations du dossier médical des personnes malades, visées à l'article L. 1111-7 du même code ; 5° Les personnes, visées au troisième alinéa de l'article L. 2212-7 du même code, accompagnant les détenues mineures à l'occasion d'une interruption volontaire de grossesse* ».

Il n'est donc, par exemple, pas envisageable de refuser à un détenu la possibilité de désigner une personne de confiance dont la fonction est certes d'être consultée si le malade se trouve hors d'état d'exprimer sa volonté et de recevoir l'information, mais surtout d'accompagner le patient dans ses démarches et d'assister aux entretiens afin de l'aider dans ses décisions. Ce droit fondamental pour tout patient suppose donc en détention que la personne de confiance fasse une demande de permis mais également que ce permis autorise son titulaire à rencontrer le patient en dehors des parloirs habituels. Cela nécessite également que le détenu soit en mesure de le prévenir régulièrement (et sans surveillance) de l'évolution de son état de santé, des soins proposés et leur lieu de réalisation…. La simple énumération de ces principes suffit à comprendre que jusqu'à présent très peu de détenus sont en mesure de bénéficier de cette assistance à la décision et que le droit de la santé n'a pas encore trouvé toute sa place en détention.

Pour en revenir au guide de légistique proposé par légifrance, on peut espérer qu'avant de rédiger le prochain texte ayant trait à la santé des détenus et à leur statut, les questions suivantes seront préalablement posées et débattues de manière objective : « *La réforme répond-elle à une obligation juridique ou à un choix d'opportunité ? Quel est le niveau de norme adéquat ? En quoi l'état actuel du droit est-il inadapté ? Quel degré de précision faut-il retenir ? Quelles sont les conditions à réunir pour assurer l'effectivité du nouveau dispositif ?* ».

2

De la « *dangerosité* » à l'individu « *fragile* ». L'économie morale des « évaluations de personnalité » dans les décisions d'aménagement de peine[1]

par Aude Leroy

« Il est certes possible d'envisager les désordres mentaux selon une optique psychiatrique (...). Cependant, les institutions totalitaires peuvent difficilement accorder un grand poids à ce type particulier de déterminisme. Il faut faire en sorte que les reclus puissent assumer de façon acceptable l'autonomie de leurs comportements sans pour autant causer d'ennuis » E. Goffman, *Asiles*

« *De toutes façons, nous, on fait à la tête du client* » : c'est une boutade lancée par un(e) professionnel(le) gradée de l'administration pénitentiaire, quelques minutes avant une commission d'application des peines. La commission réunira tout à l'heure le juge d'application des peines, le procureur (ou substitut du procureur) et différents interlocuteurs de l'administration pénitentiaire, hors de la présence des détenus. On y examinera l'attribution de « *permissions de sortie* » et de « *réductions de peines supplémentaires* ». Mais à cet instant, nous ne sommes que trois dans la pièce. La plaisanterie est, bien sûr, dirigée vers la sociologue, comme une provocation amicale. L'interlocuteur craint que je n'accorde trop d'importance aux petites phrases, lapidaires et un peu brutales, qui échangées entre soi pour décrire de

1. L'auteur adresse ses remerciements les plus chaleureux aux interlocuteurs anonymes, cités dans ces lignes ou ayant participé à des entretiens. Ils ont permis de découvrir leur univers et d'approfondir ensemble la réflexion. Un très grand merci également aux collègues pour leurs suggestions fort avisées et relectures détaillées : tout particulièrement à Benoit Bastard, Yasmine Debarge, Laurence Dumoulin et Brigitte Frotiée ; enfin à Paul Mbanzoulou pour ses précieuses suggestions

manière peu flatteuse les caractéristiques de certains détenus, traduisent quelquefois lassitude, projections négatives, mépris social. Certes leur poids est significatif dès que le quotidien n'est pas mis en scène du fait de la présence du chercheur. Les bizarreries comportementales induites par les pathologies psychiatriques de certains détenus ne sont pas toujours à l'abri du rire libérateur[2].

Comme le montre Léonore Le Caisnes en examinant les relations de travail dans les décisions d'incarcérations de mineurs, les « petites phrases » récurrentes traduisent quelque chose du fonctionnement judiciaire[3]. Au début, comme observateur, on est choqué, puis, au fil des mois, on devient moins attentif, plus insensible à cette dimension : peut-être, se dit-on, la typification par les professionnels est-elle tout simplement inévitable pour revenir à du connu et procéder aux évaluations.

Ce qui est parfois tourné en dérision, c'est-à-dire les notions d'« individualisation » du traitement des détenus, de prise en compte de leur « personnalité », de « traitement » à travers des soins thérapeutiques, et de « réinsertion sociale », peut être analysé comme *idéologie officielle* de l'institution[4]. Pour Erving Goffman, les buts sont rarement atteints ; en réalité les modifications (inéluctables) de la personnalité du détenu ne coïncident pas avec les visées politiques. Cet écart incite aussi le sociologue à prendre de la distance : « *la peine sociale que constitue la peine d'enfermement (...) est aujourd'hui de fait, largement déconnectée de la peine judiciaire* » *et* « *la mission de réinsertion (...) puissant outil de légitimation (...) s'avérera sans doute utile pour le sociologue soucieux de décrypter les ambiguïtés lourdes du travail social (...) mais empêche d'apprécier le fonctionnement concret des prisons en général* »[5] avertit Gilles Chantraine. Les idéaux peuvent masquer les logiques implacables de la réalité carcérale et de la décision judiciaire contraintes avant tout par le fonctionnement organisationnel et par les logiques socioprofessionnelles des acteurs. Or, une tâche de dévoilement n'incombe-t-elle pas aux sociologues ?

Pourtant, il est important de ne pas balayer d'un revers de main ces idéaux de « réinsertion », d'« évolution individuelle », de « personnalisation des

---

2. La fonction sociale du rire comme la mise à distance des « clients » est semblable à ce qui se passe dans les salles de garde d'un l'hôpital (Howard Becker, Blanche Geer, Everett Hughes, Anselm Strauss Boys in White, Student Culture in Médical Schools, 1961, University of Chicago Press).

3. V. Léonore Le Caisnes, « Incarcérer un mineur : de la personnalité de l'adolescent aux enjeux identitaires des magistrats », *Cahiers internationaux de sociologie*, vol. CXXIV, 2008, p. 103-126.

4. V. Erving Goffman, *Asiles. Études sur la condition sociale des malades mentaux et autres reclus,* Les Éditions de Minuit, 1979 (trad. Liliane et Claude Lainé).

5. V. Gilles Chantraine, *Par-delà les murs,* 2011, Le Monde-puf, introduction, p 5-6.

peines ». On ne peut faire comme s'ils étaient des coquilles vides et que les acteurs professionnels n'y croyaient (plus) guère. Au contraire, ils structurent les perceptions de chacun. « Soigner » le détenu, lui donner des supports pour répondre aux critères permettant de « sortir » de prison un peu plus tôt, ces orientations de politiques publiques sont aussi des vœux rafraîchis au quotidien, par exemple lors des discussions de travail. Ils produisent des apories, tensions et contradictions, et, de ce fait, de l'opacité : tous ces éléments d'ailleurs caractérisent bien l'organisation pénitentiaire.

Or, la question de l'économie morale des décisions des juges a été peu travaillée dans son rapport à l'expertise psychiatrique[6].

En effet, d'un côté, les travaux contemporains sur l'expertise psychiatrique pénale s'efforcent de prendre en compte la densité concrète des pratiques de travail et des logiques de position socioprofessionnelles des acteurs. Ne pouvant faire l'économie de la pensée structurante de Foucault[7] sur ces questions et de celle de Robert Castel dans son sillage[8], ils confrontent ses analyses à des recherches empiriques[9], ce qui les amène parfois à dépasser l'approche de cet auteur.

D'un autre côté, les travaux de référence, pour utiles qu'ils soient, ne traitent pas directement de cette question non plus. Dans une perspective constructiviste, les travaux de Michèle Bonis, comme *Personnalité et expertise psychiatrique* (1984), ont apporté leur contribution à une meilleure compréhension de l'expertise psychiatrique. Des travaux plus généraux de sociologie de l'expertise judiciaire appuyés sur des enquêtes empiriques ont, à partir des années 1990, documenté les rapports entre expertise et prise de décision judiciaire. C'est le cas du travail sociohistorique de Frédéric Chauvaud et Laurence Dumoulin (2003) ou de l'analyse de l'expertise judiciaire développée par Laurence Dumoulin dans une perspective à la fois sociohistorique et de sociologie des professions. Dans ce dernier ouvrage, elle constatait la « *timidité* » avec laquelle les sciences humaines s'intéressaient alors à l'expertise judiciaire, les sciences politiques plus particulièrement. Jérôme Pélisse, Caroline Protais, Keltoume Larchet et Emmanuel Charrier, à travers une sociologie du droit et des professions, dans *Des chiffres, des Maux et des*

6. *Les politiques de l'expertise psychiatrique, Trajectoires professionnelles des experts psychiatriques et styles de pratique*, recherche dirigée par Alban BENSA, École des Hautes Etudes en Sciences Sociales (Paris), 2010 ; Antonella Di Trani, Fabrice Fernandez, Aude Leroy, Samuel Leze Hélène Strauss.

7. V. *Les anormaux*, cours au Collège de France 1974-1975, 1999, Gallimard.

8. V. François Chazel et Jacques Commaille, *L'ordre psychiatrique, l'âge d'or de l'aliénisme*, 1979, minuit. « Savoirs d'expertise et production de normes », dans *Normes juridiques et régulation sociale*, 1999 LGDJ.

9. V. Aude Leroy, *« Paroles d'experts, la contribution du discours psychiatrique au procès d'assises »*, mémoire de Master 1, Université de Versailles-Saint-Quentin en Yvelines, 2007.

*lettres (*2012) proposent de reprendre ce programme mais en l'appliquant, dans une perspective comparative, à des champs spécialisés de l'expertise judiciaire et à des pratiques concrètes. Par ailleurs, fin 2009, nous avions remarqué notamment lors d'une recension des thèses et travaux en cours, que l'expertise psychiatrique pénale est devenue l'objet d'un intérêt sociologique intensifié. Par exemple, parmi les thèses sociologiques publiées, citons celle de Caroline Protais[10] et celle de Sébastien Saetta[11]. Le catalogue SUDOC des thèses publiées et en cours montrait cependant que la psychiatrie, et plus secondairement, les sciences juridiques, restent les disciplines dominantes dans l'étude de l'expertise psychiatrique pénale.

Enfin, l'expertise psychiatrique judiciaire n'est pas un objet[12] approfondi en détail dans les « *sentencing studies*» qui étudient les facteurs déterminants des décisions pénales et les disparités entre les peines[13]. Non plus dans la littérature concernant les relations entre activités de « *jugement ordinaire* » et de « *jugement de droit* » [14] dans la justice[15].

Dans le cadre de cet article, ce n'est donc pas à travers le prisme du travail des experts psychiatres et de la « fabrique » expertale que nous aborderons le sujet, mais à travers celui de la prise de décision et de sa justification, en replaçant l'expertise dans l'univers moral de *l'application des peines*, un univers rempli d'injonctions contradictoires. Cette économie morale, même réduite à ses traits les plus saillants, permet de restituer une forme de complexité de l'activité des juges éclairant ainsi certaines tensions entre justice et

---

10. V. *« Sous l'emprise de la folie. La restriction du champ de l'irresponsabilité psychiatrique en France (1950-2007)* », 2011 EHESS Paris.

11. V. *L'intervention de l'expert psychiatre dans les affaires criminelles*, 2012, Université Le Mirail Toulouse.

12. L'auteur de cet article a réalisé un modeste mémoire de Master II (2009) étudiant les divers usages des expertises psychiatriques et « enquêtes de personnalité » par des juges d'instruction. Replacer ces « outils » dans le faisceau des tâches des juges aboutit sur la description des *différentes* manières de percevoir et pré-évaluer les mis en examen au même prisme des informations sociales et psychologiques. « Ethnographie d'un outil juridique : les « enquêtes de personnalité » dans la procédure pénale, enjeux professionnels, enjeux judiciaires », 2009 ENS/EHESS Paris.

13. Pour une synthèse exhaustive et transversale : Françoise Vanhamme et Kristel Beyens « La recherche en *sentencing* : un survol contextualisé », *Déviance et Société*, 2007/2 Vol. 31, p. 199-228. En France, pionner fut l'ouvrage de Nicolas Herpin, *La loi, deux poids deux mesures,* 1979, Seuil.

14. V. Laurent Thévenot, « Jugements ordinaires et jugement de droit », 1992, *Annales. Économies*, Sociétés, Civilisations. 47e année, n. 6, 1992. pp. 1279-1299.

15. Pour état de l'art très récent sur les jugements en contexte institutionnel et en particulier les jugements moraux : Julia Velkovska et Moustafa Zouinar, « Jugements et émotions dans les interactions institutionnelles », 2012, ethnographiques.org, Numéro 25 - décembre 2012, Filmer le travail : chercher, montrer, démontrer (http://www.ethnographiques.org/2012/ Velkovska,Zouinar - consulté le 25.06.2013).

expertise psychiatrique. En effet, les magistrats sont soumis à une contradiction insoluble entre l'omniprésence de la question sécuritaire et l'omniprésence d'une attente de responsabilité et d'autonomie de la part du détenu. Si la première dimension a fait l'objet de nombreuses analyses, la seconde nous semble moins développée dans une littérature soucieuse de dissiper ce qu'elle analyse comme un écran de fumée.

De par leur activité, les juges sont donc au cœur d'une tension entre deux types d'injonctions que bien des analyses qualifient de néolibérales : *une préoccupation sécuritaire* impliquant une vision déterministe des hommes[16], et *une injonction* exigeant du détenu qu'il s'extraie lui-même de ses déterminismes[17]. Par exemple, lorsqu'un détenu placé en position de candidat à une libération conditionnelle « *a fait tout ce qu'il pouvait* » mais qu'il *« est à son max... n'a pas assez évolué et ne peut plus évoluer* »[18], comment les magis-

---

16. V. Malcom M. Feeley et Jonathan Simon, "The new penology: notes on the emerging strategy of corrections and its implications", 1992, Criminology, 30, p. 449-474. David Garland, The *culture of control: crime and social order in contemporary society*, 2001, Chicago, Chicago Press. Philippe Mary, « Les figures du risque et de l'insécurité. L'impact sur le contrôle », 2005, Informations sociales, 2005,126 (6), p. 16-25. Dan Kaminski, *Pénalité, management, innovation*, 2009, Namur, PUN.

17. « *Libérer l'individu des contraintes qui l'empêchaient de devenir lui-même* » fut longtemps, rappelle Alain Ehrenberg, l'objectif des thérapies (*La société du malaise*, 2010, p 21). C'est paradoxalement une finalité institutionnelle adoptée par l'univers caracal (« La volonté de soigner : d'un singulier désir de soin dans les politiques pénales », Claude Olivier Doron, *La philosophie du soin, éthique médecine et société*, 2010, (dir.) Céline Lefève Frédéric Worms, PUF). Une telle finalité est conforme à la norme d'autonomie traversant les politiques publiques contemporaines et plus particulièrement celles s'adressant aux plus démunis, tels que les allocataires du « Revenu de solidarité active » (ancien Revenu Minimum d'Insertion). *L'autonomie des assistés, sociologie des politiques d'insertion,* Nicolas Duvoux (2009) 2012 puf le lien social. Dans une analyse du fonctionnement du bracelet électronique, Marie-Sophie Devresse, s'appuyant sur Danilo Martuccelli, évoque la « responsabilisation » des individus, analysée comme un mécanisme de domination et pourvoyeur d'inégalités (Danilo Martuccelli, « Figures de la domination », *Revue Française de Sociologie*, vol. 45, n°3, 2004, p. 479). Cette dynamique, écrit-t-elle, « *particulièrement en phase avec le développement d'un État social actif ayant introduit la notion de « contractualisation » ou de « gestion par projet » dans les politiques publiques (...) ouvre la perspective d'un nouveau rôle de l'acteur dans le processus pénal, voire d'une évolution de la conception du sujet de droit* ». Marie-Sophie Devresse, « Surveillance électronique et justice pénale : quelques éléments de pérennité et de changement », Droit et cultures [En ligne], 61 | 2011-1, mis en ligne le 28 octobre 2011, consulté le 27 juin 2013. URL : http://droitcultures.revues.org/2509

18. Ce questionnement est cité dans presque tous les entretiens sociologiques avec dix juges d'application des peines (plusieurs entretiens ayant pu, grâce à la générosité des interlocuteurs en termes de temps et de nombre de rencontres, être très approfondis). Dans cet exemple, la citation est cependant tirée d'un entretien avec une personne exerçant des fonctions d'encadrement en centre de détention. Les entretiens avec le parquet laissent moins nettement

trats règlent-ils la décision ? Quel rôle jouent l'expertise psychiatrique et le diagnostic de dangerosité ?

Nous voudrions ainsi évoquer les tensions vécues par ces magistrats lorsqu'ils décident de mesures « favorables » aux détenus[19] (réductions de peines supplémentaires, permissions de sortie, aménagements en semi-liberté ou libération conditionnelle), en mettant l'accent sur la place que prend l'expertise dans ces processus. Les juges sont pris entre deux ordres de considérations souvent contradictoires : d'un côté, l'injonction à croire encore dans les possibilités de réinsertion des personnes condamnées et, de l'autre, l'injonction à prendre en compte leur possible dangerosité, telle qu'exprimée notamment à travers l'expertise psychiatrique.

Nous retiendrons ici les questionnements judiciaires concernant des détenus pour peines criminelles[20] (essentiellement meurtres, atteintes sexuelles) car les enjeux des décisions d'aménagement y prennent un accent plus dramatique. On développera des remarques valables plus particulièrement dans les situations-types dans lesquelles la décision favorable d'aménagement de peine tient à un fil, le juge étant partagé quant à son appréciation du « dossier ».

émerger cette préoccupation, mais à ce stade de travail, nous n'avons qu'une première lecture intuitive du corpus.

19. Ces mesures sont bien des « aménagements de peine », selon la définition élaborée par Pierre-Victor Tournier : « entrent dans ce concept [d'aménagement de peine], les mesures de peine qui suppriment tout ou partie de la peine : crédit de réduction de peine pour bonne conduite, réduction de peine supplémentaire, grâce (individuelle ou collective), amnistie. C'est aussi le cas de la libération conditionnelle, mais qui agit différemment en permettant au bénéficiaire d'effectuer, après la levée d'écrou, la fin de sa peine en milieu ouvert. On parlera aussi d'aménagement des peines à propos des mesures qui ne réduisent pas le temps passé sous écrou mais diminuent le temps passé « derrière les murs » en permettant au condamné sous écrou de sortir de l'établissement pénitentiaire, de diverses façons, mais sans levée d'écrou : permissions de sortir, semi-liberté, placement à l'extérieur (avec ou sans hébergement pénitentiaire) placement sous surveillant électronique fixe. De même on peut inclure dans ce concept la suspension ou le fractionnement de peine ». *Dictionnaire de démographie pénale*, 2010, L'Harmattan, Logiques sociales, p 22.

20. Crime : l'infraction la plus grave (article 111.1 du Code pénal), punie des peines les plus sévères (réclusion ou détention) assorties de peines d'amende et de peines complémentaires (une définition complète peut être consultée dans le *Dictionnaire des sciences criminelles* Dalloz 2004 (dir) Gérard Lopez et Stamatios Tzitzis). La gravité d'une infraction est appréciée selon l'échelle de peine qui la sanctionne, en l'occurrence, les sanctions carcérales encourues sont de 15 à 30 ans (à perpétuité).

Un contexte pesant : la préoccupation de la récidive et son évaluation psychiatrique.

Tout d'abord, il faut rappeler, en matière de politiques pénales, le poids du souci de la récidive et de la « dangerosité », constamment renouvelé depuis les années 1990, en particulier en matière de crimes sexuels. Les juges rencontrés soulignent le climat de pression dans lequel ils accomplissent leur travail, en particulier lorsqu'ils ont à traiter de longues peines. Ils ont un sentiment de responsabilité sociale étant donné la nature des faits de récidive qu'ils redoutent. Ils ont également le sentiment, plus amer, de faire les objets d'une excessive responsabilisation personnelle sous forme de risques relatifs de disqualifications médiatiques et de sanctions implicites de carrière. Les mots ne sont pas assez forts pour exprimer la pesanteur de ce climat sécuritaire. Par exemple, une magistrate (dont la juridiction recouvre un centre de détention « labellisé » pour la prise en charge des auteurs d'agressions sexuelles qui fut secoué quelques années plus tôt par une affaire médiatisée) dit de son travail quotidien que c'est « *l'angoisse... tous les matins* ».

Dans ce contexte, explique une de ses collègues, substitut du procureur du même ressort, « *on attend des experts (psychiatres) qu'ils s'engagent* » et plus précisément, « *ce qui est compliqué, c'est vraiment les gens en demi-teinte (...). C'est plus de la gestion du risque (...) sachant que la récidive on ne nous loupe pas. On ne nous loupe pas* ». Lorsque nous réagissons en nous exclamant, « *c'est un métier infaisable !* », elle rebondit : « *On nous demande tout et son contraire (...) vous n'avez pas le temps de lire le texte qu'il faut déjà l'appliquer* ».

Ce sentiment d'une précipitation des politiques pénales semble partagé parmi les magistrats en application des peines, à écouter les conversations entre collègues et savoirs informels transmis lors des sessions de formation professionnelle. C'est d'ailleurs le sens de l'introduction au *Guide des peines* (2012-2013) de Bruno de Lavielle, Michael Janas et Xavier Lameyre, un ouvrage de référence des praticiens[21] : « *la énième loi de lutte contre la récidive (...) transforme insensiblement et profondément l'énoncé des textes et parfois jusqu'à leur sens, au point que les plus anciens des praticiens de l'application des peines n'y reconnaissent plus « leur droit »* ». Le système est redoutablement complexe de l'avis même des magistrats chargés de l'appliquer.

Et l'expertise psychiatrique, au gré de l'extension de ses usages en application des peines, serait emblématique d'un droit aussi suspicieux à l'égard des juges d'application des peines que des justiciables-détenus. « *L'expertise,*

21. Ce manuel est recommandé comme une référence et un outil de base lors des sessions de « changement de fonction » aux futures juges d'application des peines à l'Ecole nationale de la magistrature (observations de terrain).

c'est le législateur qui nous met des fusibles à tous les étages », évoquait en 2010 une juge d'application des peines expérimentée, qui travaillait dans une juridiction comportant une maison centrale où les mesures libérations conditionnelles étaient prononcées au compte-gouttes (de l'ordre de quelques-unes par an[22]). D'autres magistrats confirment cette dimension contraignante (bien que l'un d'entre eux ait préféré souligner le soulagement et la sécurisation offerts par la généralisation des expertises).

Ainsi la loi, au fil des ans, organise-t-elle un véritable tissu d'obligations dans lequel l'expertise tient lieu de « *feu rouge* », selon l'expression de la substitut du procureur évoquée plus haut. Elle voulait dire qu'en cas d'expertise défavorable, il serait hors de question pour le magistrat de donner son feu vert. Son hypothèse rejoint d'ailleurs les résultats de l'enquête d'Amandine Morice et Nicolas d'Hervé publiés dans *Justice de sécurité et gestion des risques*[23].

Dans le cas des « *infractions pour lesquelles le suivi-socio judiciaire est encouru* » par exemple, le législateur prévoit des expertises médicales obligatoires dans nombre situations. Ces infractions énumérées dans l'article D. 49-23 du CPP, recouvrent la plupart des infractions sexuelles et violences sur autrui donnant lieu à de longues peines. Des expertises ont lieu effectivement « *à tous les étages* » : 1. soit pour évaluer la pertinence des soins déjà ordonnés, 2. soit avant de décider d'une mesure favorable aux condamnés, 3. soit au prononcé d'une mesure restrictive de liberté en fin de peine. Selon l'article D 49-24 du CPP, les experts doivent se prononcer sur la dangerosité et le risque de récidive.

Sous cet éclairage, on discerne l'ambiguïté d'un thème tel que « *les déterminants psychiatriques des aménagements de peine* ». Parle-t-on de ce qui détermine les décisions des juges, parle-on d'hypothétiques « déterminants » du comportement futur du justiciable ? Quels sont les acteurs ou les institutions définissant ce qui est ou non « déterminant » ?

On pense immédiatement aux relations juges-experts : la question du pouvoir infiltre largement la littérature[24]. Cette question est difficile à résoudre, sinon peut-être pour observer comment les équilibres basculent selon le degré de banalité et de sensibilité des affaires. Dans certains dossiers, les juges

---

22. Entretien sociologique 2012 et travail de terrain de plusieurs mois en 2010 dans le service d'application des peines concerné.

23. V. Amandine Morice, Nicolas d'Hervé, *Justice de sécurité et gestion des risques, approche pratique et réflexive*, 2010, L'Harmattan.

24. Comme le remarquent également Caroline Protais (op cit.) et l'équipe de Loic Villerbu (cité plus bas).

s'appuient véritablement sur les expertises, dans d'autres, ils les utilisent[25]. La magistrate qui travaillait en maison centrale évoquait cette rhétorique durant l'entretien sociologique : à la question « *Vous est-il souvent arrivé que l'expertise n'ait pas autant de poids que ça ?* », elle répondait « *Cela arrive fréquemment quand on gère des fins de peine (...). [Évocation d'exemples]. L'expertise ne va pas nous aider dans la prise de décision mais dans la présentation de la décision* ». L' « *art de la prise* », consistant à isoler des éléments de l'expertise, sert de ressource dans la stratégie de justification des décisions comme l'avait montré Laurence Dumoulin[26].

Une autre façon possible d'éclairer cette question des « *déterminants psychiatriques des aménagements des peines* » est de s'intéresser à la relation des juges aux *savoirs* psychiatriques, aux diagnostics, dans le contexte d'une audience judiciaire et de la décision qui s'ensuit. Il s'agit alors, selon une perspective compréhensive, d'essayer de comprendre « ce qui est déterminant », et pourquoi, aux yeux des acteurs.

Plaçons alors maintenant la prise en compte des diagnostics psychiatriques dans un cadre élargi. Si d'une part, les juges sont amenés à se soucier de la récidive, par ailleurs, ils sont également pris dans les préoccupations des sociétés postmodernes, lesquelles, notamment, prétendent gouverner à travers des injonctions à l'autonomie et au changement personnel continu[27]. Tout d'abord, peut-on rechercher les manifestations de ces normes dans les considérations ordinaires des juges, à travers leurs manières d'organiser les audiences, dans les arguments mobilisés dans les motivations des jugements, et dans leurs propres analyses au cours d'entretiens sociologiques. Dans un second temps, on peut confronter ces attentes normatives aux expertises psychiatriques dont les positions sur les capacités d'auto-changement sont ambiguës.

25. A partir d'un séjour d'observation et d'entretiens sociologiques menés avec une dizaine de juges d'instruction (2008-2009) et d'entretiens avec des juges d'application des peines (à l'occasion de la thèse en cours).

26. 2007 *ibid.*

27. Pour une synthèse présentant les travaux de référence et débats théoriques sur le sujet : Danilo Martuccelli, François de Singly, *Les sociologies de l'individu*, (2009) 2010, Amand Colin ; Christian Le Bart, *L'individualisation*, 2008, Les presses Sciences-po . Pour approfondir, *L'individu aujourd'hui, débats sociologiques et contrepoints philosophiques,* (dir) Philippe Corcuff, Christian Le Bart, François de Singly, Colloques de Cérisy, 2010

Quel « homme » juge-t-on ? Deux visions contradictoires

Une injonction : « chacun est responsable de sa vie »

Les audiences judiciaires, et ce qui en résulte sur le papier, peuvent inspirer une impression d'étrange marchandage. Dans le cas des « remises de peine supplémentaires»[28], les motivations de décisions, très elliptiques, comportent des additions posées à la main, avec des abréviations correspondant aux barèmes. Par exemple, le fait d'avoir versé des paiements aux parties civiles est traduit par un nombre de jours soustraits à la peine. Le fait de suivre une thérapie, d'avoir un travail en prison, également, et ainsi de suite. Les sommes sont additionnées. Ce barème, comme dans d'autres instances amenées à produire des évaluations, montre la volonté de se doter d'outils, d'objectiver la décision, et d'inciter les détenus. L'horizon des espérances, ce qu'il y a à gagner en répondant aux attentes de l'institution, est représenté concrètement.

En contrepartie, il est attendu que les détenus soient « *acteurs* » des décisions prises pour eux. Il flotte dans l'atmosphère une notion de mérite personnel. Celle-ci apparaît dès les textes fondateurs de l'idéologie de la défense sociale nouvelle et s'élabore dans la personnalisation des peines instaurée dans le code pénal nouveau de 1994. Dans le cas des remises supplémentaires de peine, le droit précise ainsi que les *« critères des efforts de réadaptation sociale »* sont « *le succès* à un examen scolaire, universitaire ou professionnels », « les *progrès* réels dans le cadre de l'enseignement ou d'une formation » et l'indemnisation des victimes[29].

Ces critères sont pensés également comme les *outils* d'un droit se voulant didactique et pédagogique. Il s'agit, à travers la loi et la procédure judiciaire, en particulier l'audience, de travailler la subjectivité des individus. A cet égard, il y a une cohérence entre différentes considérations mobilisées lors du traitement d'une requête (quelle qu'elle soit, permission de sortie, semi-liberté, etc.). Voyons comment les choses sont tissées.

Les journées au cours desquelles sont évaluées ces requêtes, notons-le d'abord, sont longues, en particulier les audiences du tribunal d'application des peines (TAP) lors desquelles comparaissent les détenus. Elles peuvent, dans certains ressorts[30], se prolonger tard le soir. Durant ces longs moments, l'observateur « naïf » peut être frappé par un phénomène analogue à celui

---

28. « Supplémentaires » aux « *crédits* » ordinaires de remise de peine.

29. Article 7121.1 du code de procédure pénale, consulté dans le *Guide des peines* (ibid).

30. Nous avons des données d'observation limitées et assez peu précises : deux établissements dans lesquels la durée d'une audience complète d'un détenu était d'environ une heure ou un peu plus, et un autre, une demi-heure au maximum (lorsque l'audience n'était pas écourtée et reportée).

décrit par Irène Théry dans le *Démariage*[31] ou par James Nolan dans ses travaux sur les « *thérapeutic courts* »[32]. C'est un regard judiciaire non exclusivement juridique, qui fouille les individus selon un angle parfois psychologisant, et aborde des questions intimes mêlées à des préoccupations techniciennes.

Cette justice surchargée, qui n'a pas assez de temps, prend le temps de s'attarder sur des éléments sur lesquels on aurait pu croire qu'elle glisserait. Cela entraîne d'ailleurs parfois des confusions et incompréhensions de la part des détenus, parfois, de l'indignation au nom d'une (autre) valeur individualiste, le droit à l'intimité. A l'exemple de ce détenu qui acceptait mal que lors de l'audience, le magistrat le questionne pour lui faire préciser si durant la « permission de sortie » demandée, il comptait « *coucher* » avec sa femme ou bien sa maîtresse. Il ne faut pas s'y méprendre : tout comme le sens psychologique dans la justice du divorce est guidé par la préoccupation centrale de l'intérêt de l'enfant (I. Théry[33]), dans les audiences du tribunal d'application des peines, la pensée récurrente est celle du risque de récidive, donnant lieu à des questions révélant un sens de l'anticipation très fin et précis.

Telle une lampe torche, cette pensée du risque est dirigée dans *chaque recoin* pour éclairer les questionnements des juges ; mais on peut également *monter en généralité*, en insistant ici sur les attentes projetées sur l'usager.

L' « individualisation » des peines en audience est associée à un idéal d'évolution personnelle du détenu plaçant la régulation des décisions sur un plan individualiste[34]. L'idée maîtresse y est que chacun peut, et doit, au moins dans une certaine mesure, se rendre maître de sa destinée et façonner son « *parcours* ». Ce mot, systématiquement entendu, qui d'ailleurs est employé également dans le management contemporain, apporte l'attente que le détenu forge pour lui-même un « *projet* », autre terme incontournable des

---

31. V. Irène Théry, *Le démariage,* 1993 (1996, août 2011), Poches Odile Jacob.

32. V. James Nolan, *Reinventing Justice, the American drug-courts movement*, 2003, Paper.

33. *Ibidem.*

34. Ce terme polysémique renvoie à l'éclosion de l'individu au Moyen-âge puis sa fleuraison à la Renaissance et à la Réforme. Individu qui à partir du siècle des Lumières, devient premier : « D*ans tous les domaines - éthique, politique, économique - toujours priment les droits et les responsabilités de (l'individu)* » (*Dictionnaire de la sociologie,* « individualisme », Albin Michel Universalis 2007). L'anthropologue Louis Dumont propose une définition complémentaire aux développements des *Essais sur l'individualisme* : *« 1. On désigne comme individualisme, par opposition au holisme, une idéologie qui valorise l'individu (...) et_néglige ou subordonne la totalité sociale. (...) [Cela implique une] opposition entre individu-dans-le-monde et individu-hors-du-monde 2. Ayant trouvé que l'individualisme dans ce sens est un trait majeur dans la configuration de traits qui constitue l'idéologie moderne, on désigne cette configuration elle-même comme individualiste ou « l'idéologie individualiste » ou « l'individualisme » »* (*Essais sur l'individualisme* (1983) 1985, Points essais, p. 304).

audiences. Celles-ci sont conçues, entre autres enjeux, comme une présentation de « son projet » par le détenu/candidat à un aménagement de peine. Elaboré en amont par la recherche d'une perspective d'emploi ou de stage, par la prévision d'un lieu d'habitation, ce projet concerne les sphères professionnelle et privée. Les questions posées, la manière dont certains requérant confectionnent des dossiers[35] pour convaincre de la viabilité économique d'une entreprise ou auto-entreprise (le juge se questionnant avant tout sur le caractère réaliste du projet), tout cela présente d'apparentes similitudes avec un entretien d'embauche.

Si les considérations dans la sélection d'un travailleur sont *a priori* économiques, celles des juges se situent, certes, sur un autre plan. Il s'agit de préoccupations morales[36] car l'enjeu est de sélectionner des futurs libérés ayant suffisamment d'autocontrôle et de supports, selon les critères des juges, pour ne pas présenter de *risques* trop dramatiques au sein de « la société ». L'évaluation de la solidité du « projet » croise ainsi les préoccupations de la récidive. La gestion contemporaine des risques, consistant à soupeser des facteurs psychosociaux de dangerosité, croise la pratique sociale contemporaine consistant à faire des bilans de compétence. Cela dans l'idée que les gens peuvent, dans une certaine mesure, choisir leur trajectoire, se rendre responsables de leur destin en « faisant avec » la réalité.

Au nom de ces préoccupations concernant l'autocontrôle, les questionnements, durant ces audiences structurées selon un ordre précis, abordent ensuite d'autres dimensions symboliques. Elles sont essentielles pour les acteurs de la décision.

Dans ce texte, abordons-en succinctement quelques-unes, significatives par rapport à la présente problématisation. Il est attendu qu'au cours des audiences, les détenus soient en mesure de *s'exprimer avec « sincérité »,* aussi ambiguë cette attente soit-elle (les magistrats ont, bien sûr, conscience qu'elle est contradictoire avec la situation judiciaire et ses enjeux).

Un élément essentiel de l'évaluation est d'élucider si le détenu, au cours de sa trajectoire carcérale, à travers son « *implication* » dans des dispositifs de

---

35. Dossiers « alternatifs » aux dossiers pénitentiaires et judiciaires que ces requérants adressent au service d'application des peines souvent sous la forme d'un manuscrit relié, parfois d'un classeur plastifié, comprenant différentes « pièces » (écriture de soi, attestations, factures, tout ce que le requérant estime pouvoir être pertinent aux yeux du juge). Notre thèse (en cours) porte particulièrement sur les positionnements des détenus face au droit et aux institutions pénales, ainsi, cet aspect devrait être développé ultérieurement dans nos travaux.

36. Il n'y a aucune connotation critique à dire cela. La sociologie de la morale, quelques en soient les lignes théoriques divergentes, apporte une problématisation qui « *associe les problèmes moraux et le traitement qui en est fait dans l'espace public* » (les enjeux moraux n'étant pas toujours « *explicites ou reconnus* ») comme l'expliquent Didier Fassin et Samuel Lézé dans l'introduction à *La question morale, une anthologie critique*, 2013, Puf.

soins, *a élaboré une réflexion* sur le sens et la genèse des actes l'ayant amené à subir une condamnation pénale. Les *remords*, leur degré de sincérité, de profondeur, restent un paradigme indispensable de l'attente institutionnelle d'une évolution « favorable » de la personnalité.

Dans la délicate analyse de ces critères, ce qu'en disent les experts psychiatres et psychologues est essentiel aux magistrats. Cela du fait, justement, de la complexité immense de telles estimations. Egalement du fait d'un mandat reconnu par les magistrats à la psychiatrie et à la psychologie pour voir clair dans les êtres.

Surplombant cette économie morale, il existe enfin un attendu implicite d'intelligence. En établissement pour peine, les détenus sont réputés avoir acquis une intelligence de l'institution, de la situation d'audience. Les juges *s'attendent à ce qu'ils comprennent les attentes et injonctions tacites*[37]. Par exemple, certaines décisions doivent être entendues comme des « *rejets ouverts* ». Dans ces refus d'aménagements de peine, insistance est mise sur des lacunes sur lesquelles les détenus *ont prise*, telles que *recourir à des soins*, *indemniser les parties civiles*, etc. Ces requérants éconduits sont en mesure, selon les juges, de déchiffrer la voie suggérée vers une éventuelle décision ultérieure favorable. Or, notons qu'*a contrario* les « rejets fermés », comme l'expliquent au moins deux des magistrats rencontrés, sont rédigés *en s'appuyant sur les expertises psychiatriques.* Voici les propos de la magistrate, déjà citée, ayant travaillé en maison centrale :

Interlocuteur : ou bien on disait au détenu qu'il faudrait faire un effort conséquent dans tel domaine. On donnait une espèce de feuille de route, une notice explicative, en faisant attention à ne pas trop s'enfermer. Et il y a des dossiers où on disait clairement non, avec des arguments pour qu'ils soient confirmés par la cour d'appel. C'était clair que ce serait non la fois suivante.

Question : Quelle forme prend une décision fermée ?

Interlocuteur : On en revient à la dangerosité criminologique. Il peut y avoir eu échec d'une première mesure de libération conditionnelle. Là, il y a des critères qui consistent à appuyer là où ça fait mal.

Question : Vous pensez que les détenus, surtout en maison centrale, savent décoder ça?

Interlocuteur : C'est aussi le langage utilisé dans les octrois ou les refus de remise de peine (...). [Juge d'application des peines, maison centrale].

37. Cette perception est plus ou moins forte et explicitée comme telle par les magistrats durant les entretiens sociologiques. Elle existe toutefois systématiquement : l'idée étant que « les longues peines » connaissent le système largement aussi bien qu'eux.

Remarquons que la ressource « intelligence » est cependant réversible. Dans les jeux judiciaires, les professionnels se gardent de la « *manipulation* », voire de la « *perversité* », au service desquelles seraient parfois la vivacité et le sens aigu des situations de certains requérants.

Finalement, de ces critères manifestés au justiciable-détenu ressort une éthique de l'autonomisation et de la responsabilité. « *L'assimilation du détenu à une personne en voie de réinsertion sociale* » (inséparable de la question des relations entre l'institution-prison et la société) et le fait de se donner pour finalité de « *faire du détenu un être autonome, capable de contracter en s'assumant pleinement* » : tout cela suppose de croire à *« une société peuplée d'agents capables de s'engager dans des projets »,* ainsi que l'analysent Michel Callon et Madeleine Akrich[38].

La volonté, les efforts, la progression des capacités personnelles d'autocontrôle et d'*insight* occupent les premiers plans. Mais l'évaluation de la personnalité repose également dans une large mesure sur l'expertise psychiatrique. Or, l'individu a-t-il prise sur ce que traduisent les diagnostics psychiatriques ? Quel rôle jouent diagnostics et pronostics, dans l'application d'une politique pénale tiraillée entre, d'une part, des considérations sur le mérite et les capacités d' « évolution », et d'autre part, un paradigme sécuritaire plus enclin au déterminisme ?

Les apories de la responsabilité : troubles de la personnalité, maladies mentales, « dangerosité ».

Les conclusions des expertises psychiatriques doivent-elles être appréhendées comme des diagnostics ou bien comme des « *déterminants* » ?

Déterminantes par rapport à la décision du magistrat, elles le sont souvent, bien que la démonstration ne soit pas aisée, compte tenu à la fois du manque d'informations quantifiées sur le recours à l'expertise psychiatrique par ces juridictions et de l'absence de lien systématique entre existence d'une expertise psychiatrique et mobilisation de celle-ci dans la production ou la justification du jugement.

Quant au déterminisme sur le comportement individuel, précisons d'abord que les psychiatres français s'accordent largement, dans la littérature de référence ou lors d'entretiens sociologiques : une expertise peut être « probabiliste », pas prédictive. Par exemple, c'est la position de l'équipe de Chris-

38. *Op cit.* p. 310.

tiane de Beaurepaire, Michel Benezech et Christian Kottler en 2004[39] ; celle, critique, de Michel David, dans un manuel de 2006[40] ; celle enfin du criminologue canadien, Jean-Pierre Guay, dans sa présentation des « outils à la décision », là l'occasion de la conférence de consensus sur la prévention de la récidive à Paris le 15 février 2013[41]. Ce chercheur, bien qu'enthousiaste sur la fiabilité des « évaluations structurées », en soulève les limites en termes de validité (on ne peut mesurer tous les facteurs), de méthodologie… et d'éthique.

Les diagnostics et pronostics sont des jugements médicaux : construits scientifiques, cognitifs, sociaux et langagiers hors desquels les maladies mentales et troubles de la personnalité n' « existent » que comme séries désordonnées de symptômes. L'appréciation clinique ne débouche pas sur de strictes certitudes.

Cependant, quelles que soient les réserves des chercheurs et cliniciens, les expertises psychiatriques viennent désenchanter le paradigme de l'Homme artisan de sa propre amélioration.

Le diagnostic fait partie de ce sur quoi le sujet n'a que peu de prise, en tout cas le temps d'élaborer une demande d'aménagement de peine, c'est-à-dire quelques mois. Il est ce qu'il est. Certes, ce n'est pas le seul élément sur lequel la volonté de l' « individu » est, en réalité, moins puissante qu'il ne le faudrait pour que l'injonction à l'autonomie puisse fonctionner pleinement. Mais bien que les perspectives socio-économiques des sortants de prison reposent sur de sombres déterminismes, détenus et professionnels peuvent toujours tenter d'agir : rechercher un hébergement d'urgence, des activités occupationnelles et des expédients. En revanche, le diagnostic (et le fonctionnement psychique qu'il traduit théoriquement) est incompressible. Les activités et initiatives du détenu et des professionnels ne peuvent le changer, du moins dans l'immédiat. L'expert a parlé. Seule une expertise contradictoire pourrait apporter un légitime contre-point. Une seule voie reste pensable, donner du temps : de réflexion, de thérapie, ou de maturation. Est-ce alors une impasse par rapport à la requête : ajouter du temps parce qu'il « est trop tôt », donc poursuivre l'incarcération ?

---

39. Dans *Les dangerosités, de la criminologie à la psychopathologie, entre psychiatrie et justice,* (John Libbey, 2004), les auteurs préviennent dans le prologue, (p 15) que « *malgré l'intérêt clinique et épidémiologique de ces paramètres consacrés à la dangerosité et à la récidive, il nous faut insister sur l'incertitude du pronostic d'un passage à l'acte violent* ».

40. Dans *L'expertise psychiatrique pénale*, 2006, L'Harmattan. L'auteur écrit à propos des expertises en application des peines, p 80, souligné en gras : « *l'expertise ne peut être que probabiliste* ».

41. Consultable : http://conference-consensus.justice.gouv.fr/category/la-conference/partie-2-reflexions-et-preconisations/c-les-enjeux-de-levaluation-des-situations-individuelles/ (consulté le 18/06/13).

« *C'est trop tôt* », « *pas assez mûr* » : l'argument peut être soulevé dans l'entre-soi professionnel lors des réunions et conversations informelles auxquelles les usagers n'assistent pas ; il est aussi présenté aux personnes concernées afin de légitimer les décisions. Les gens qui « *ne peuvent plus évoluer* », sont « *arrivés à leur maximum* » ; les affections stables, comme la paranoïa ; les troubles de la personnalité peu susceptibles de donner lieu à une « demande » de soin (par exemple, les troubles de la personnalité narcissique) : ces situations où les réaménagements « *favorables* » de la personnalité sont de faible pronostic montrent finalement que cet individu forgé par l'institution, et forgé par son propre projet, ne peut l'être totalement.

En effet, quand bien même la recherche scientifique dans le domaine psychiatrique et psychologique poursuit opiniâtrement la recherche de protocoles, de dispositifs pour « soigner » notamment les auteurs d'agressions sexuelles, il nous a semblé que les professionnels de terrain rencontrés (soignants et experts, psychologues, psychiatres, infirmiers) restaient réservés sur l'état actuel des possibles. Les thérapies ne peuvent pas tout, pas d'ailleurs plus que les autres expériences de vie. C'est parmi certains experts, psychiatres et psychologues, que les positions étaient les plus pessimistes sur la nature humaine. L'un d'eux, psychiatre et expert judiciaire, répond à la question « *dans quelle mesure est-ce que quelqu'un est responsable de son évolution psychique* » que « *Si on croit à l'Homme capable de réfléchir et évoluer... (*Il interrompt sa phrase et poursuit :) *et il y en a qui ne sont pas capables et doivent rester en détention* ».

Un second, après une réponse longue et nuancée à la même question, achève par ces mots : « (…) il *y a quand même une évolution qui est possible (...) on peut infléchir son parcours (...) oui, parce que sinon, ce serait quand même un déterminisme qui serait vraiment déprimant* ». Une troisième, psychologue, confronte le regard qu'elle porte sur les savoirs criminologiques avec sa perception de la société française et de ses mœurs :

Interlocuteur : le pédophile a une tendance à récidiver plus que le père incestueux. Aujourd'hui la pédophilie prend une place de plus en plus importante (…). Je n'ai pas cet avis ouvertement mais les pédophiles ne peuvent pas changer. Ils vont gérer leurs pulsions pour se protéger eux-mêmes mais pas la victime, c'est très égocentrique : « marre d'être puni », ils parlent de « bêtise » [pour qualifier leurs actes].

Question : quelle possibilité de changer ?

Interlocuteur : C'est très compliqué. Tout ce qui est en série, a pris du plaisir, c'est compliqué à changer. En France on veut que le criminel reste une personne à part entière, elle va évoluer positivement… Faut pas se leurrer. Il y a peu de suivi en prison. Les Canadiens et les Belges nous apprennent beaucoup de choses, (mais) la thérapie hormonale on en fait très peu. On n'accepte pas de mettre les gens dans des cases, mais les troubles de personnalité, cela bouge très peu (....) personnalité violente ou agressive (...) on le reste. Il ne faut pas se leurrer, mais il y a peu de suivi (en prison) etc. Notre religion, notre côté humaniste portent (cette idée) *« la personne doit évoluer »*, *« l'Homme est bon »*, c'est très chrétien, alors que pour la Belgique ou le Canada c'est très différent (...).

Ces trois interlocuteurs ont dix à trente ans d'expérience. Leurs réponses diffèrent mais semblent attester d'une tension morale comparable. Le citoyen, l'homme moderne qu'est l'expert, le soignant par ailleurs, a de la peine à s'accommoder d'une vision statique de l'homme. Ce serait « *déprimant* » (intolérable ?) et il veut « *croire* » que l'avenir n'est pas écrit. Cependant, ce qu'il pense retirer de son expérience clinique, et de la littérature certainement, l'amène à relativiser ces espoirs. Théoriquement il n'est pas impossible de changer et d'échapper à soi-même ; mais « *c'est très compliqué* ». Plus encore lorsque l'institution seule porte ce souhait, non l'individu, quand il n'y a ni « demande » ni souffrance ajoutent les soignants.

L'ambiguïté de la psychologie et de la psychiatrie vis-à-vis de la question déterministe est celle des disciplines scientifiques se donnant pour objectif d'étudier le comportement humain. Une partie de la recherche, à partir des années 1990, a pris des directions amenant à déconstruire les visions les plus *statiques,* comme l'explique l'équipe de Loïc Villerbu (professeur de psychologie) et Xavier Lameyre (magistrat) dans leur rapport de recherche sur *La co-construction expertale*[42] (2009).

Le recensement, par ces auteurs, de la littérature montre que les liens entre troubles psychiatriques et « *passages à l'acte violents* » sont complexes et associés à de nombreuses variables cachées : « *facteurs institutionnels de la désinstitutionalisation psychiatrique, rupture des soins, précarisation et marginalisation* ». Ils insistent sur la notion de « *vulnérabilité* », psychique et sociale (préférée à « *dangerosité* »), sur les « *opportunités* » de passage à l'acte et son « *contexte* ». Selon cette lecture psycho-dynamique, il n'y a pas de déterminisme, mais une lecture processuelle du « passage à l'acte », et des soins possibles pour l'auteur des faits. Cette lecture reste causale, à la lumière de facteurs statistiques ; les déterminants existent mais sont plurifactoriels.

Cette perspective est adoptée dans la thèse en psychiatrie d'Emmanuelle Floris, 2004[43], qui étudie la notion d'addiction sexuelle chez certains auteurs d'agressions sexuelles. Il n'est pas de déterminisme, mais, chez des per-

---

42. *La co-construction expertale, déconstruction d'une notion paradoxale*, rapport final de recherche, octobre 2009, Droit et Justice, Rennes 2.

43. V. Emmanuelle Floris, *« Evaluation du concept d'addiction sexuelle chez une population d'auteurs d'agressions sexuelles »*, Université de Bordeaux, 2004.

sonnes souffrant notamment d'un trouble obsessionnel-compulsif, une succession d'étapes pouvant mener des ruminations mentales au « passage à l'acte », et cela dans un contexte, un environnement et des circonstances précis.

Quelle importation de ces visions peut-on observer dans les expertises ?

Le corpus d'expertises psychiatriques étudié par l'équipe de L. Villerbu, découpé en deux périodes, 1979-1990 et 1991-2005, attesterait d'un assouplissement des représentations du devenir des sujets expertisés. Par exemple, après les années 1990 (instauration d'une politique d'obligation de soins), les diagnostics en termes de « *structures perverses* », peu ouverts sur la « curabilité », se raréfient et sont utilisés avec force précautions.

Il reste que les auteurs constatent que les visions expertales demeurent plus statiques que dynamiques. Elles indiquent ce que le sujet *« est »* (notion de structure), évoquant son « état » plutôt qu'une description en termes de processus contextualisé. Cela rejoint les observations, formulées dans d'autres termes, que l'on peut tirer en 2007[44] d'une étude quantitative et qualitative de 33 expertises psychiatriques pré-sentencielles d'un expert[45] au cours des années 1980, et en 2010 avec l'équipe d'Alban Bensa[46], d'un corpus de 258 expertises entre la fin des années 1970 et le début des années 1990. Dans l'inventaire de symptômes diagnostics et pronostics parmi différents « prédicats », on relevait les occurrences des traits diagnostics rendus, par le langage, indissociables de la personne examinée. Ce qui nous intéressait ici, dans les prédicats, était leur valeur métonymique, le fait que le trait mentionné soit présumé désigner l'être : l'individu *« est »* un curieux, un « bagarreur », ou encore « *un petit psychopathe* », etc.[47].

---

44. V. Aude Leroy, « Paroles d'experts, la contribution du discours psychiatrique au procès d'assises », *op. cit.*, 2007.

45. V. Caroline Protais dans sa thèse, *« Sous l'emprise de la folie. La restriction du champ de l'irresponsabilité psychiatrique en France (1950-2007*) », EHESS Paris, 2011, évoque comme nous l'avions fait nous-mêmes (2006, 2010 *Ibidem*), les limites incontestables d'une analyse ne reflétant que la position d'un seul acteur. Mais la constitution de corpus est dépendante du délai d'enquête et du degré d'ouverture à l'investigation sociologique que manifestent les interlocuteurs rencontrés Les expertises psychiatriques étant confidentielles il peut être difficile d'en récolter un échantillon diversifié dans le temps du travail de terrain. Il s'agit alors de faire avec les opportunités, les chances offertes et les limites rencontrées sur le terrain. Dans les deux cas, l'analyse a été complétée par la comparaison avec d'autres expertises psychiatriques.

46. V. *« Les politiques de l'expertise psychiatrique, Trajectoires professionnelles des experts psychiatriques et styles de pratique »*, recherche dirigée par Alban Bensa, École des hautes études en sciences sociales (Paris), 2010 ; Antonella Di Trani, Fabrice Fernandez, Aude Leroy, Samuel Lézé, Hélène Strauss.

47. V Aude Leroy, *op. cit.*, 2007.

Plus précisément à propos des expertises de pré-délibération, les auteurs de *la co-construction expertale*[48] écrivent qu'il existe *« une forme de déterminisme diagnostique (...). Si l'expert conclut que « le sujet reste structuré comme un pervers », il sera difficile pour le magistrat de prendre une décision neutre quant à la suite du dossier »*. Cette situation peut être reliée à quelque effet retard entre le monde de la recherche et celui des cliniciens sur le terrain ; elle est liée surtout aux contraintes de la commande d'expertise, aux politiques pénales.

Les missions s'orientent de plus en plus vers la criminologie mais aussi vers une injonction à certifier l'incertain. Experts et juges évoquent leur embarras face aux questions imposées par le droit quant au « *risque avéré de récidive* » (posées lorsque l'enjeu de l'expertise est d'alourdir les contraintes du condamné : surveillance judiciaire, placement sous surveillance électronique mobile..)[49]. La connotation déterministe est indéniable, comme s'il pouvait être trouvé, quelque part, pour cimenter les décisions, des déterminants « avérés » d'un comportement futur.

Au cœur des expertises, les diagnostics et l'évaluation de la dangerosité et de la « ré-adaptabilité » soumettent aux juges des préoccupations plutôt déterministes. Nous retenons de nos entretiens et d'une partie de littérature psychiatrique et psychologique qu'un sujet n'est pas vraiment tributaire de sa « structure » de personnalité, ni des troubles de la personnalité ou des maladies mentales qui peuvent lui être diagnostiqués. Comment les juges font-ils alors : comment interpellent-ils les requérants sur leur propre santé mentale ? Et comment situent-ils cela dans l'économie morale des décisions ?

Bricoler avec l'arsenal législatif une « liberté » sous contrainte

Un magistrat peut-il décider d'un aménagement de peine lorsque l'expertise est « *défavorable*[50] » ? Nous n'apporterons ici ni réponse, ni analyse approfondie des divergences de positionnement des juges. Précisons seulement deux choses.

La première remarque est que certains magistrats ont une réponse tranchée à cette question, ce sont ceux qui répondent par la négative. Les autres, majoritaires parmi nos rencontres, ont des positions peu polarisées et variant à l'intérieur d'un même entretien.

---

48. *Ibid*, p. 61

49. V. Jean-Louis Senon, Gérard Rossinelli, Jean-Charles Pascal (dir.), « Quelles sont les attentes du juge de l'application des peines », Pascal Faucher, dans *Expertise psychiatrique pénale: Audition publique 25 et 26 janvier 2007,* John Libbey, 2007, pp. 217-235.

50. Le terme est utilisé fréquemment dans les échanges entre professionnels, mais il a été quelques fois renié par des interlocuteurs lors d'entretiens sociologiques.

Ainsi, dans un des tribunaux étudiés, évoqué plus haut, il est clair que *« les positions sont extrêmement réservées sur les aménagements de peines »,* dit la juge. En plus doit-elle tenir compte de la position claire et prévisible de la substitut du procureur, celle-ci nous déclarant : « *si la personnalité ne va pas, je dis non* ». Concernant les magistrats qui ne répondent rien de tranché, ils évoquent être fortement contraints par le contenu des expertises mais entendent défendre leur autonomie. Par ailleurs, ils sont moralement tourmentés par la question, d'une façon similaire à celle d'un magistrat prenant position dans le débat public. Le 24 janvier 2012, dans un « café-débat » sur les soins en détention, Me Pauzat, juge de l'application des peines, répond à la question « *Quelle place ont les troubles mentaux dans la décision d'aménagement de peine par le JAP* ? » par ces mots : « *Pas d'aménagement pour les personnes ayant des troubles psychiatriques, c'est difficile pour le juge d'application des peines. Les signes de pathologies ou la pathologie restent un frein pour une décision d'aménagement de peine (...) les juges ne prennent pas de risques. Au lieu de l'aménagement de peine, on va mettre en place des mesures de sûreté (bracelet, ...)* ».[51]

Ce qui nous amène à notre seconde remarque. Quelles que soient les requêtes, les juges se préoccupent des mêmes finalités institutionnelles, « réinsertion » et « protection de la société ». Mais avec les requêtes diffèrent les enjeux et avec eux le réglage des outils de décision.

Pour le dire brièvement, les crédits de réduction de peine sont plus « arithmétiques » que les autres. C'est une mesure dont la portée est plus comparative : le détenu en fait-il plus ou moins que ses semblables ? Les expertises psychiatriques du dossier ne sont guère pertinentes, ni légalement ni informellement, sinon pour argumenter d'un « progrès » d'un détenu au cours de discussions internes. En revanche, la question des « soins » est incontournable dès lors qu'ils sont estimés nécessaires ou qu'il y a une injonction. La mesure est pensée selon le volet « réinsertion », et plus précisément, conçue comme reposant directement sur les *choix* et *décisions* du détenu de se conformer aux attentes.

La *« réduction de la période de sûreté »* est bâtie sur une version méritocratique de cette logique-là (le dossier doit être « *exceptionnel* » : les efforts, progrès, mérites, doivent être au-delà de la normale, *meilleurs*). Logique à laquelle s'ajoute une sollicitude particulière envers les parties civiles. Sont évaluées également les conséquences, symboliques et pratiques, d'une décision ouvrant sur la possibilité de former des requêtes en aménagement de peine. Les risques de récidive paraissent à l'horizon des pensées du juge. La

51. L'intégralité du texte a été consultée à l'adresse suivante : http://sinelege.hypotheses.org/1673

mesure est donc exigeante. La prise en compte de ce que dit l'expert s'inscrit sur une voie bien étroite.

Tout comme l'est la voie menant à une « *sortie* » en libération conditionnelle ou semi-liberté. Dans ce dernier cas, lorsqu'apparaissent les bornes des capacités d'évolution personnelle, lorsque le dossier est imparfait mais que le magistrat hésite, l'alternative est de privilégier la gestion des risques et ne pas faire droit à la requête, ou bien, de mettre en balance les éléments de façon pragmatique, en se demandant si ce n'est pas malgré tout « *le bon moment* ». Ce raisonnement étant intéressant par rapport à la problématisation présente, intéressons-nous à ses implications.

Un individu imparfait et fragile…

Magistrats et professionnels de la pénitentiaire portent un regard convergeant sur certains détenus qui les inquiètent. Ils expliquent en substance qu'*en apparence* cela va bien, puisque ces détenus ne perturbent pas la détention, ils ont un projet, un travail, ils attestent de rendez-vous chez les thérapeutes, etc., mais que cela ne suffit pas. Ces efforts seraient de surface. Ils estiment ainsi que les individus n'ont pas été réformés assez en profondeur ; ils sont déçus de l'impossibilité d'une institution véritablement totale.

Or, selon une conception largement partagée au sein de l'institution pénitentiaire, ce que l'individu « a fait », son crime, ne peut venir que *du plus profond de lui.* C'est cela qui ne peut être travaillé par l'épreuve carcérale lorsque les professionnels disent qu'une personne « *n'a pas assez évolué* ». On peut changer les comportements, pas les êtres, s'inquiètent-ils, songeant aux risques de récidive. Paradoxalement, là encore prévaut une vision moderne selon laquelle les individus sont différenciés, fondamentalement « eux-mêmes », comme si cela pouvait au final faire barrage à l'institution carcérale et à ses ambitions réformatrices.

Un lien peut être fait avec l'analyse et la typologie des systèmes d'emprise institutionnelle élaborée par Jacques Chevallier. Les institutions entendent *« pénétrer profondément au cœur de la subjectivité individuelle »* des individus[52], « *investissant (leur) psychisme* » « *plus ou moins profondément et plus ou moins durablement », et « agissant en profondeur sur les structures de la personnalité* ».

Les « *institutions totales* », et plus particulièrement l'asile et la prison, affirmait l'auteur en 1995, « *tendent à abolir le for intérieur par l'exposition*

---

52. « Fort intérieur et contrainte institutionnelle », dans *Le For intérieur*, CURAPP, 1995. L'ouvrage est en accès libre sur le site internet de l'Université de Picardie :

http://www.upicadie.fr/labo/curapp/revues/page.php?currentPage=401&SESS_ID=8bf4c364d3fade7600afe62ecf306007&idv=35 (consulté le 27/06/2013).

permanente de ce qui est intime ». Mais au cœur même des plus puissants mécanismes subsistent des résistances. Là où réside le *for intérieur* (« *l'enveloppe, le lieu d'expression, et donc aussi le dispositif de protection de l'identité individuelle* »), se produit la tension dialectique avec les institutions. L'empreinte institutionnelle varie en effet selon les trajectoires et inscriptions institutionnelles antérieures des individus.

L'adaptation peut ainsi prendre la forme de la « *soumission, qui traduit l'acceptation passive d'une autorité perçue comme inévitable et incontournable : faute de pouvoir s'y soustraire, et de peur d'encourir ses foudres, on s'incline devant elle, mais en réduisant son implication au strict minimum. Parce qu'on se trouve dans le ressort de l'institution, on subit son emprise, mais sans qu'il y ait pour autant réelle adhésion* ». Cette résistance se rapproche du portrait dressé par les professionnels de l'individu adhérant superficiellement par opportunisme (dans le jargon carcéral, on entend souvent l'expression familière « *faire le canard*[53] »). Mais ces professionnels croient également à une *résistance malgré soi* de certains, différente de ce que décrit ci-avant Jacques Chevallier. La nuance[54] résiderait dans le fait que ceux-là, également dociles aux attentes, ne pourraient « *faire plus* » et seraient « *au maximum* » des ressources que l'institution entend qu'ils tirent de leur *for intérieur*.

Ces détenus peuvent souffrir de pathologies chroniques, ou d'addictions par rapport auxquelles ils seront fragiles à vie. Certains se tiennent trop solidement *sur* leur personnalité, par exemple lorsque les diagnostics s'approchent d'un trouble de la personnalité narcissique voire de « perversion narcissique ». D'autres, sont considérés comme ne pouvant tenir seuls, par exemple dans le cas fréquent d'addictions, ou (plus rare) d'une déficience intellectuelle légère. Dans les deux cas, la décision favorable est difficile, quand bien même « *la prison ne sert plus à rien* » ou « *il a fait son maximum* ». C'est alors que les juges, s'ils ont une politique favorable aux aménagements de peine et suivent l'alternative pragmatique du « *bon moment* », sont amenés à des ajustements et déplacements de leurs attentes.

---

53. Une expression dont la représentation imagée est proche de « *faire l'autruche* », puisqu'elle désigne l'animal cachant sa tête sous l'eau, mais dont le sens est tout à fait différent. Elle signifie au mieux faire profil bas, et le plus souvent sous-entend la duplicité tactique sous les apparences de la soumission, en cela loin du lâche aveuglement de l'« autruche ».

54. Il est possible aussi d'analyser les croisements, ambivalences et l'instabilité de ces formes de résistance à l'emprise institutionnelle, plus ou moins revendiquées ou « malgré soi », plus ou moins conscientisées, etc.

... sous contrôle

Il s'agit alors d'aménager, mais sous certaines conditions, et en donnant des supports. Si les juges peuvent être freinés par les expertises, en revanche, ils expliquent disposer de latitude pour bricoler des aménagements de peine sur mesure, quand bien même cela revient à dire que les *contraintes* sont taillées sur mesure. Une juge d'application des peines, suivant une politique adoptée dans sa juridiction, s'engage au quotidien en faveur des aménagements de peine à travers ses décisions. Elle relate un cas intéressant (nous soulignons)[55] :

Interlocuteur : effectivement, *on est un peu exigeants, c'est pour éviter de les mettre en échec*. J'ai un exemple. On a un condamné en réclusion criminelle à perpétuité depuis plus de vingt ans. Il est là pour des faits d'assassinats, enfin, son histoire est assez glauque. Il doit avoir 60 ans. La question est que *soit il ne sortira jamais, soit on le sort maintenant*. Parce qu'effectivement, *tout le monde dit* qu'il en est arrivé à tel point *que maintenant, augmenter la détention, c'est entraîner un risque de récidive*. Sauf que cette personne, c'est le vide complet autour de lui, pas de famille, rien ! Et donc, on était d'accord, au niveau du TAP, pour le faire sortir. Sauf que le projet... Le projet de sortie, c'était un hébergement dans un foyer. *Donc jusque là, il était pris en charge point barre. Sans aucune...* [Or] on s'est dit puisque c'est quelqu'un qui a travaillé toute sa vie, il faut qu'il travaille, il faut qu'il soit occupé ce type. Et il y a eu des problèmes d'alcool à l'époque. Alors on ne va pas le faire travailler, à son âge, c'est sûr. Mais nous, on a ajourné en disant ce que l'on souhaite, c'est qu'il y ait dans *le cadre* du projet, une association, la Croix-Rouge, Emmaüs, peu importe, n'importe quoi, où il pourra aller dans la journée, et puis faire n'importe quoi! (...) Parce que ce gars-là, *si vous le laissez toute la journée à ne rien faire*, il va retrouver la bouteille, et puis il va recommencer, assassiner, enfin, ça va mal se terminer, c'est évident ! C'est évident.

Question : Au fond, là, c'est pas le volet efforts, c'est le volet « qu'est-ce qu'on fait pour cette personne » ou même « qu'est-ce qu'on fait de cette personne »?

Interlocuteur : Si, il y a eu des efforts ! Si il n'y avait pas eu d'efforts, non, non (...). Les efforts sont toujours appréciés en fonction des gens (...) il a fait dans la limite de ses possibilités.

Cette position vient nuancer celle de Me Pauzat évoquant précédemment une substitution des politiques d'aménagement de peines par des mesures de sûreté. En effet, il existerait une alternative à celles-ci : des obligations *ac-*

---

55. Pour favoriser la lecture, nous avons changé l'ordre de quelques phrases (en respectant le sens des propos) et supprimé les points de suspension indiquant les coupures dans cette version très raccourcie des paroles de l'interlocuteur.

compagnant des mesures d'aménagement. Si les deux sentiers se rejoignent en termes de limitation des libertés individuelles des justiciables, il y a, aux yeux des magistrats, une importante nuance. A travers des décisions « favorables » assorties d'obligations « personnalisées », ils estiment donner des supports et élaborer ainsi un bon compromis. Cette pensée suggère qu'il est souhaitable que l'individu sorte de prison mais que l'autonomie n'est certainement pas la finalité ultime : elle n'est pas bonne pour tout le monde.

Il s'agit alors d'interpeller le requérant sur un contrat *symbolique* d'autonomie restreinte. Au cours des audiences, les magistrats questionnent les détenus, leur demandant de prendre position au sujet des conclusions des expertises psychiatriques. Comme on peut le constater dans l'exemple d'un instant d'audience (annexe), les juges tiennent compte d'un individu faillible... si celui-ci montre qu'il accepte de l'être, ce qui implique une intransigeance sur la question des soins, et le fait que le détenu reconnaisse et nomme son « trouble ». Dans cette mise en implication du justiciable, les magistrats expliquent qu'ils n'attendent pas d'individus parfaits, mais capables de dévoiler leurs fragilités. Dans ce remaniement des attentes, l'injonction à l' « *authenticité* », déjà si prégnante, s'accentue. L'individu est enjoint d'endosser ses responsabilités, et pour cela, d'admettre une version de lui-même dans laquelle son autonomie est restreinte. Il est requis d'accepter des contraintes et limitations supérieures à celles d'un citoyen ordinaire. Mais celles-ci ne sont pas des sanctions étant ici présentées et conçues comme autant de manières de le « *protéger* ».

Ainsi la boucle est-t-elle bouclée. Soit les magistrats « ferment le robinet », soit ils aménagent mais en exacerbant les contraintes, au nom d'un certain réalisme déterministe. Dans les deux cas, aucun ne fait le pari d'une sortie sèche, les conditions étant pensées pour apporter des supports et contraintes externes. Des *attentes* méritocratiques sont projetées sur le détenu en prérequis ou condition. Mais des *considérations* de l'ordre du déterminisme (« *cela va mal se terminer, c'est évident* ») interviennent dans la décision ou le réglage des modalités de la mesure. L'attente d'authenticité, tout en optimisant le contrôle, est congruente avec certaines conceptions postmodernes de l'individu dont nous avons dit qu'elles imprègnent l'ambiance judiciaire. Il y a un glissement vers le « *therapeutic state* »[56] tel que le conceptualise James Nolan.

---

56. James Nolan, *The Therapeutic State : Justifying Government at Century's End,* 1998, New York University Press.

Conclusion

Au final, la crainte de la dangerosité est le paradigme vainqueur, en particulier lorsque des diagnostics psychiatriques entrent en jeu. Les mesures d'aménagement de peines étant conçues comme autant de façons d'éviter, à terme, les « sorties sèches », il s'agit de déplacer l'individu[57] hors les murs, mais sous contrainte, aux fins de le « protéger » de lui-même et d'en prémunir la société. Les décisions judiciaires analysées dans ce texte sont sous-tendues par une vision limitée de l'autonomie justifiant l'élaboration de mesures conçues pour contenir les sujets. Cela n'est pas incompatible avec les critiques existantes des divers dispositifs en « milieu ouvert ». Cet individu surveillé est capturé dans de nouvelles apories, puisqu'il faut être « solide » pour supporter toutes ces contraintes et accepter de vivre avec des murs invisibles. Or, c'est parce que l'individu est supposé « fragile » que surveillance et contraintes sont renforcées.

Par ailleurs, l'institution pénitentiaire incite la *demande* de sortie du détenu ; l'institution judiciaire fait preuve d'une grande circonspection dans la *décision*. Les politiques pénales *sont fondées sur une injonction* à *faire preuve d'autonomie* dans le processus, mais les individus *sont gouvernés selon* une *vision limitative de l'autonomie*. Reste qu'à chacun de ses stades, la décision se tient sur une vision du monde très individualisée. Si les processus décisionnels sont complexes, si la place de l'expertise est variable, constat peut être fait que des paradigmes contradictoires finissent cependant par converger.

---

57. Temporairement dans le cas des « permissions de sortir », de la semi-liberté… Ces mesures sont bien des « aménagements de peine », selon la définition élaborée par Pierre-Victor Tournier : « *entrent dans ce concept [d'aménagement de peine], les mesures de peine qui suppriment tout ou partie de la peine : crédit de réduction de peine pour bonne conduite, réduction de peine supplémentaire, grâce (individuelle ou collective), amnistie. C'est aussi le cas de la libération conditionnelle, mais qui agit différemment en permettant au bénéficiaire d'effectuer, après la levée d'écrou, la fin de sa peine en milieu ouvert. On parlera aussi d'aménagement des peines à propos des mesures qui ne réduisent pas le temps passé sous écrou mais diminuent le temps passé « derrière les murs » en permettant au condamné sous écrou de sortir de l'établissement pénitentiaire, de diverses façons, mais sans levée d'écrou : permissions de sortir, semi-liberté, placement à l'extérieur (avec ou sans hébergement pénitentiaire) placement sous surveillant électronique fixe. De même on peut inclure dans ce concept la suspension ou le fractionnement de peine* ». *Dictionnaire de démographie pénale*, 2010, L'Harmattan logiques sociales, p 22.

Annexe : journal de terrain (extraits)

Centre de détention, une demande de permission de sortie (mai/juin 2012)

JAP (juge de l'application des peines) : Alors, vous prétendiez que vous avez un suivi psychologique, mais en fait, je n'en vois aucune preuve dans votre dossier ?

Le détenu explique, insiste (…).

JAP : Alors, ce suivi… Parce qu'il ne suffit pas de dire je fais un suivi, n'est-ce pas ? Qu'est-ce que vous en tirez ?

Détenu : Ouais, alors en fait, pour le moment on fait d'avantage une analyse : « *qu'est-ce que c'est l'alcool ?* ». Et ils nous ont classé dans toutes sortes de catégories…

JAP- Et vous, vous êtes dans quelle catégorie ?

Détenu (*petit rire gêné*) : Buveur occasionnel excessif [...].

JAP : Vous trouvez que ça vous correspond bien ?

Détenu : Ouais, ouais, c'est exactement ça.

La JAP questionne sur « *le projet* » de permission de sortie […] et rebondit quand il dit qu'il n'a « *pas du tout envie* » d'aller dans les bars

JAP : (…) Il faut que vous ayez conscience que ce ne sera pas facile […] Bon, alors, sinon, la reprise du suivi psy, c'est comment ? [….].

La substitut du procureur demande au détenu « *quels sont ses projets* ». Il est conditionnable en 2014 et voudrait demander une semi-liberté probatoire. La JAP explique que depuis 2012, ce n'est plus possible comme cela (avec les nouvelles lois). Puis elle lui demande s'il est « *conscient qu'une permission de sortie ne veut pas dire qu'il obtiendra plus tard une libération conditionnelle* » (…). La substitut reprend la parole : s'il obtenait plus tard une libération conditionnelle, c'est une mesure probatoire de 6 ou 7 ans, y a-t-il réfléchi ? A-t-il mesuré les contraintes que cela représente ? *« Quand on s'engage dans un processus, il faut voir tous les aspects », « la précipitation n'est pas toujours bonne »*.

Délibéré (résumé) La conseillère pénitentiaire d'insertion et de probation argumente son avis favorable : l'expertise psychiatrique « *minimise les risques de récidive* ». Le chef de détention estime qu'il « *faut y aller progressivement* » mais que le détenu « *a commencé une petite réflexion (...) a l'air sincère* », la JAP rebondit en disant « *l'expertise n'est pas défavorable* », le chef de détention et la directrice opinent. La substitut *« n'est pas opposée [...] Il y a des efforts, il dit qu'il reconnaît les faits, il y a un suivi psy et il y a la reconnaissance des faits »*. JAP : *je suis d'accord aussi pour deux jours une nuit, il a fait des efforts, il a fait ce qu'on lui a demandé, il a justifié d'un suivi psy. Il a réfléchi. Il dit les choses avec ses mots, mais bon, il dit « ma peine c'est de toute façon à vie »*.

3

Détention et vulnérabilité. Quelles compensations des situations de handicap en milieu carcéral ?

par Olivier Sannier

Le handicap correspond à une situation de désavantage social dans laquelle un individu se retrouve suite à la perte d'une capacité assurant son autonomie. La définition du handicap a beaucoup évolué au cours du siècle dernier. Dorénavant systématiquement rattachée à la notion de dignité, princeps de la déclaration universelle des droits de l'homme du 10 décembre 1948, le handicap est passé du concept d'attribut à celui de concept d'état ou de situation. Le handicap est dorénavant une situation dans laquelle se trouve un individu par rapport à son environnement. Il reste une situation péjorative, négative qu'une société humanitariste se doit de combler.

Après avoir traité le handicap par la charité et l'indemnité, nos législations se sont progressivement orientées vers le principe de compensation dorénavant clairement affichée dans la loi sur le handicap de 2005[1]. Cette loi, venue renforcer le dispositif du 2 janvier 2002[2], institue dorénavant un éventail de dispositifs sociaux à destination de toute personne en situation de handicap quel que soit son âge et sa localisation (dont la mise en place est centralisée par la maison départementale des personnes handicapées). Ce dispositif s'adresse ainsi également à la population détenue comme rappelé

1. Loi n° 2005-102 du 11 février 2005 pour l'égalité des droits et des chances, la participation et la citoyenneté des personnes handicapées.

2. Loi n° 2002-2 du 2 janvier 2002 rénovant l'action sociale et médico-sociale.

dans la dernière version du guide méthodologique de prise en charge sanitaire des personnes détenues[3].

La définition de la situation de handicap s'est ainsi standardisée. Son équation est d'ailleurs résumée dans la définition[4] de l'Organisation mondiale de la santé = une déficience physiologique engendre une incapacité fonctionnelle qui, si elle n'est pas compensée par un dispositif approprié, aboutit à une situation de handicap.

Quelle est la place du handicap en prison ?

Par définition, toute personne privée de liberté est en situation de perte d'autonomie. Hormis les situations de perte d'autonomie générée par l'enfermement, les situations de handicap sont principalement en rapport avec deux variables : l'âge de l'individu et son état de santé. En regardant nos statistiques, le résultat de l'équation est simple : le milieu carcéral réunit toutes les conditions pour accueillir des personnes en situation de handicap : la population carcérale est vieillissante[5], l'état de santé de la population détenue entrant est précaire[6].

Ainsi, lors d'une étude menée en 2008 au centre pénitentiaire de Liancourt en collaboration avec l'Université de Sherbrooke visant à évaluer l'autonomie de la population détenue âgée de plus de 50 ans, nous avions mis en évidence des situations de handicap chez près de 50% des personnes détenues de plus de 50 ans (36% nécessitant une aide pour la réalisation des activités de la vie quotidienne, 54% nécessitant une aide pour se mouvoir et 39% une aide pour communiquer)[7].

---

3. http://www.sante.gouv.fr/prise-en-charge-sanitaire-des-personnes-placees-sous-main-de-justice.html

4. World Health Organization (OMS, 2002), *Towards a Common Language for Functioning, Disability and Health*. ICF, Geneva.

5. Les chiffres clés de l'administration pénitentiaire. Http://www.justice.gouv.fr/prison-et-reinsertion-10036/les-chiffres-clefs-10041/

6. DREES. Études et résultats - 386 - La santé des personnes entrées en prison en 2003

7. V. P. Gervais, O. Sannier, M. Tousignant, C. Manaouil, R. Hébert, Évaluation des détenus âgés d'un centre pénitentiaire de l'Oise basée sur le Système de Mesure de l'Autonomie Fonctionnelle (SMAF), *La Revue de Gériatrie*, tome 35, N°9 novembre 2010.

Quelle méthodologie proposer pour mettre en place les solutions de compensation auprès de ces personnes en situation de handicap ?

L'identification des situations de handicap est l'étape primordiale et indispensable avant toute discussion de prise en charge. Les situations de handicap sont diverses ; à la fois en rapport avec l'environnement mais aussi en lien direct avec les déficiences physiques, physiologiques et mentales. Elles nécessitent une analyse la plus exhaustive possible autant du point de vue de la déficience que de l'environnement.

Par exemple, une personne édentée non appareillée peut être dans une situation de handicap plus préjudiciable qu'une personne amputée disposant d'une prothèse adaptée, surtout si elle n'a pas accès aux soins dentaires ou à un régime alimentaire adapté.

Il existe de multiples grilles d'évaluation d'une situation de dépendance. La grille AGGIR est l'instrument retenu en France pour déterminer le niveau d'aide mis en place par la solidarité nationale[8]. Il existe de nombreux autres outils. Aucune grille n'est spécifique à l'évaluation ou le dépistage d'une situation de handicap en milieu carcéral. La meilleure évaluation reste, de mon point de vue, celle qui respecte la démarche proposée par l'OMS (identification des déficiences, des incapacités et des ressources éventuellement mises en place pour combler l'incapacité et parer à la situation de handicap).

Si la méthodologie d'évaluation ne pose pas plus de difficulté en milieu carcéral qu'en milieu libre (même en l'absence d'instrument standardisé validé), la question de l'évaluateur reste complexe. Pour dépister et évaluer une situation de handicap, il faut observer. Or, en milieu carcéral, celui qui observe est aussi celui qui surveille. La place du surveillant pénitentiaire est primordiale dans cette démarche. L'observation du surveillant est la meilleure source d'information après la personne détenue elle-même. Demander au surveillant pénitentiaire de renseigner les incapacités observées ne dépasse pas ni sa mission, ni ne transforme le surveillant en soignant.

Le soignant, compétent dans le diagnostic et l'évaluation de la déficience a besoin du discours de la personne en situation de handicap et de ceux qui l'entourent afin de conduire son évaluation. Dans la réalité, cette communication entre les surveillants et les personnels sanitaires, quand elle se fait, est malheureusement réalisée informellement, sans traçabilité ni transparence et parfois sans lien direct avec la personne en situation de handicap.

Il est vrai que cette évaluation en milieu carcéral soulève plusieurs questions autant de fond que de forme. Quelle est la formation du surveillant pénitentiaire pour conduire une évaluation pertinente, et quelle est sa respon-

---

8. Article L232-2 du Code de l'action sociale et des familles.

sabilité s'il en a la fonction ? Quelles sont les modalités d'échanges d'informations entre les surveillants pénitentiaires et les personnels sanitaires ? Quelle est la place de la personne détenue en situation de handicap dans cette évaluation et dans les décisions engendrées ? Quel support d'évaluation ? Quelle gestion de ce support ? A quel moment évaluer ?

Cette évaluation étant cependant indispensable et immédiatement nécessaire, sa mise en place doit être pragmatique. Ainsi, on pourrait proposer que cette évaluation soit réalisée au quartier arrivant, systématiquement, par des surveillants spécialement formés, supervisés par des personnels sanitaires intervenant après accord de la personne en situation de handicap. Seules des informations situationnelles seraient alors échangées (la personne se nourrit, se lave, s'habille, se déplace seule), et les mesures compensatoires pourraient alors être indiquées (utilisation d'un ascenseur, régime alimentaire adapté, transport adapté, etc.)

Une fois l'évaluation menée et les situations de handicap analysées, les acteurs du milieu carcéral recherchent, rassemblent et articulent les moyens mis à disposition visant à combler ces situations de vulnérabilité. On peut distinguer plusieurs moyens de compensation : les moyens matériels et les moyens humains.

Les moyens matériels sont à la fois d'ordre architectural et sanitaire.

Ils concernent surtout les situations de handicap moteur, physiques et posent rarement de difficulté de mise en place. Ainsi, comme le rappelle le guide méthodologique de prise en charge sanitaire des personnes détenues, l'ensemble du matériel sanitaire (fauteuil roulant, déambulateur, coussin anti escarre, rehausseur de toilette, etc.) est prescrit et fourni par l'unité sanitaire. Leur financement est équivalent aux autres dispositifs de santé.

Les aménagements de cellule restent soumis aux contraintes architecturales et à l'acceptation du directeur d'établissement. Cependant, installer un siège en plastique dans la cabine de douche, une poignée de maintien, un flexible de douche doivent pouvoir être des installations réalisées aussi facilement que rapidement afin de permettre à une personne d'assurer les actes essentiels de la vie courante dès son arrivée.

La localisation de la cellule dans l'établissement est tout aussi importante que complexe. Autant il est facile pour tout un chacun de comprendre qu'une personne amputée non appareillée pourra difficilement accéder au lit superposé du haut d'une cellule située au quatrième étage d'un bâtiment. Autant cette situation peut être plus difficile à appréhender pour une personne insuffisante cardiaque, au périmètre de marche très limité par un essoufflement qui ne sera pas capable de descendre et monter trois ou quatre étages pour se rendre à l'Unité sanitaire ou en cour de promenade

Les moyens humains sont habituellement plus difficiles à déterminer et complexes à mettre en place. Les personnes détenues peuvent bénéficier de l'allocation personnalisée d'autonomie (APA) ou de la prestation de compensation du handicap (PCH) visant à rendre financièrement possible l'intervention d'une tierce personne venant compenser une perte d'autonomie dans les activités de la vie quotidienne voire domestique. Ces allocations sont attribuées par la maison départementale des personnes handicapées sous réserve de critères de dépendance évalués par la grille AGGIR. La possibilité pour la personne détenue de se domicilier sur son lieu d'incarcération est sensée, entre autre, favoriser la mise en place de ces dossiers.

Mais la mise en place de ce dispositif reste complexe, lente et malheureusement difficilement adaptée aux situations rencontrées en milieu carcéral. Tout d'abord, l'attribution de l'allocation ne peut se faire qu'après instruction du dossier MDPH. Il existe donc toujours un délai, plus ou moins long, entre le moment où la situation de handicap est identifiée et le moment où l'aide humaine peut être mise en place. Durant cette période il n'est donc pas prévu l'intervention d'une tierce personne.

Même si rien n'empêche de solliciter d'un service de soins infirmiers à domicile (SSIAD), on peut se poser la question de la nécessité de recourir à un tel service alors que l'établissement hospitalier de rattachement est sensé organiser les soins aux personnes détenues.

Il est aussi envisageable de recourir à l'intervention d'aides-soignants si l'Unité sanitaire en est dotée. Faisant partis de l'équipe soignante, ils peuvent donc intervenir immédiatement auprès de n'importe quelle personne détenue qu'elle relève ou non d'une prise en charge par la MDPH, sans délai. Intégrés à l'équipe sanitaire, les aides-soignants concourent à une prise en charge globale et coordonnée d'une personne détenue en situation de handicap sous la responsabilité du médecin responsable de l'Unité.

Quel que soit le dispositif mis en place pour répondre aux besoins en aide humaine d'une personne en situation de handicap, elle apparaît devoir répondre à plusieurs caractéristiques en milieu carcéral : être rapidement mobilisable, compétente, sans possible conflit d'intérêt avec la personne détenue, pérenne, coordonnée avec les autres intervenants sanitaires, et acceptée par la personne concernée. Ainsi, on comprend difficilement qu'il puisse être proposé à un codétenu de remplir cette fonction.

Les pratiques pour mettre en place l'intervention d'une aide humaine auprès d'une personne détenue peuvent être extrêmement différentes entre établissements pénitentiaires. La diversité participe certainement à la richesse mais, dans ce cas, elle ne facilite pas l'instauration d'un système pérenne et égalitaire sur le territoire. Un travail approfondi et détaillé concernant les modalités de mise en place d'une aide efficiente reste à construire.

Les moyens matériels et humains ne sont pas les seuls dispositifs de prise en charge d'une personne en situation de handicap. Même si *les mesures de sauvegarde de justice* n'ont pas valeur compensatrice, elles ont pour but de limiter la vulnérabilité des personnes dont les capacités de jugement peuvent être altérées par une déficience mentale (innée ou acquise). Que ce soient les mesures de sauvegarde, de tutelle ou de curatelle, il n'y a aucun intérêt à différer leur demande dès qu'une personne majeure présente des difficultés pour réaliser des démarches administratives. Même si la procédure est rendue complexe pour une personne détenue qui devra alors bénéficier d'une expertise médicale, ces obstacles sont loin d'être insurmontables. Compte tenu du délai de mise en œuvre de ce type de procédure, leur demande doit être réalisée le plus rapidement possible, dès identification de l'incapacité (d'où l'intérêt du dépistage dès l'entrée de la personne en détention).

L'éducation pour la santé est également une action indispensable à proposer aux personnes en situation de handicap. Elle n'a ni vocation à compenser, ni vocation directe à limiter la vulnérabilité. Elle a pour but de limiter l'évolution d'une situation de handicap en rapport avec un comportement de santé. Permettre à une personne diabétique d'accéder à des programmes d'éducation autour de la nutrition et de sa pathologie, c'est permettre de limiter l'évolution de sa maladie et des déficiences physiques associées. Permettre à des personnes présentant une pathologie ostéo articulaire d'accéder à une activité physique adaptée, c'est limiter l'évolution de sa maladie et de sa situation de handicap. Les exemples sont nombreux, bien plus que les programmes jusqu'alors mis en place. Les moyens des acteurs de terrain étant limités et déjà saturés, l'appel au secteur associatif est certainement l'une des meilleures pistes de développement de ces actions.

Malheureusement, l'évolution « physiologique » d'une situation de handicap conduit nécessairement à un moment où le cadre n'est plus adapté. Obligatoirement, l'évolution d'une situation de handicap finit par questionner la limite du milieu carcéral.

De manière bien plus prégnante, c'est sans aucun doute la question de la fin de vie en prison qui a conduit à la rédaction de l'article 720-1-1 du Code de procédure pénale. Le législateur n'a cependant pas oublié d'inclure dans l'article de loi sur la suspension de peine pour raison médicale qu'un état de santé durablement incompatible avec le maintien en détention justifiait la même mesure. Une personne dont la situation de handicap ne peut être compensée en milieu carcéral doit donc pouvoir bénéficier de cette procédure de suspension de peine. On comprend aussi aisément la raison : ne pas porter atteinte à sa dignité.

La réalité est manifestement plus complexe. Les situations où une personne en situation de handicap, dont l'état nous parait durablement incompatible avec son maintien en détention, ne bénéficie pas de ce dispositif sont nombreuses[9]. Elles expliquent certainement la construction d'un groupe de travail interministériel dont nous attendons avec impatience les conclusions et propositions.

Elles expliquent aussi les réactions de colère de certains médecins qui se retrouvent à héberger dans des unités hospitalières de médecine des personnes en situation de handicap dont l'état ne nécessite pas de soins curatifs mais dont la peine n'est pas suspendue[10].

Cette difficulté conduit nécessairement à la question de la sortie des personnes détenues en situation de handicap et de leur hébergement. En effet, l'histoire naturelle veut que plus la peine d'incarcération est longue, plus la situation de handicap va s'aggraver. Et il n'est pas rare qu'une personne qui pouvait assurer seule ses activités de vie quotidienne avant incarcération, en soit incapable à la sortie. Il devient alors complexe d'organiser sa sortie.

L'organisation d'une mesure de protection de justice a donc ici toute son importance lorsqu'elle est justifiée mais elle ne règle pas la question du logement. Lorsque la personne justifierait et souhaiterait son intégration dans un établissement d'hébergement pour personnes âgées dépendantes, par exemple, nous avons tous l'expérience de grandes difficultés d'acceptation d'intégration. Bien entendu, ces difficultés sont aussi rencontrées pour les personnes non incarcérées.

Il reste à discuter avec l'ensemble des acteurs de terrain (ARS en tête puisqu'elle a en charge l'organisation de l'offre sanitaire sur les régions) des solutions et procédures reproductibles à destination des personnes sortantes, mais également celles qui pourraient bénéficier d'une suspension de peine pour raison médicale.

---

9. V. M. De Crouy-Chanel, O. Sannier, E. Noël, « Les aménagements de peine pour raison médicale — Approche médicojudiciaire pour une meilleure mise en œuvre », *Actualité Juridique Pénal*, n°7-8. Juillet-Août 2010. Ed Dalloz.

10. « Malades en prison : la colère du médecin de Fresnes », *Le Monde*, 13 avril.2013

Conclusion

De l'évaluation à la prise en charge d'une personne détenue en situation de handicap, la boîte à outils est bien remplie. La mise en œuvre et le développement de ces moyens ne peut se faire que de façon pragmatique.

Ecrire et uniformiser nos procédures est certainement l'indispensable prochaine étape afin de garantir systématiquement, à cette population vulnérable, le respect de leur dignité. Ce travail nous conduira alors inéluctablement à questionner à nouveau le sens de peine, d'autant qu'une situation de handicap ne saurait être une situation d'immunité.

CONTRAT DE SOIN ET CONTRAINTE AU SOIN

4

Les soins pénalement contraints ou l'éthique d'une clinique judiciaire

par Xavier Lameyre

« Chaque criminel doit cesser d'être considéré comme un monde régi par des lois propres, dont on n'envisage que les incidents de frontière avec le reste de l'univers. »

J. Léauté[1]

« Si c'était l'homme, tout homme qui était né criminel *? L'éducation, la société avec ses lois et ses interdits, les limites qu'elle impose de ne pas franchir ne constituent qu'une couche protectrice de surface, toujours prête à se déchirer pour laisser surgir l'homme criminel. »*

J.-B. Pontalis[2]

Tandis qu'en consacrant la notion de dangerosité[3], le droit pénal contemporain participe au mouvement de déshumanisation de la justice pénale – qui, désormais, est tentée d'appréhender le criminel comme un objet dangereux ou un risque à éliminer plutôt que de le considérer en sa qualité de sujet de droit –, il est impératif de penser aujourd'hui une *clinique*

---

1. Dans sa préface à *La criminologie et la philosophie pénale de l'Ecole d'Utrecht*, Paris, Cujas (coll. « Criminologie et philosophie pénale »), 1977, p. 18.
2. *Un jour, un crime*, Paris, Gallimard-NRF, p. 20.
3. Apparue à l'occasion de l'entrée en vigueur de la loi du 15 avril 1954 relative aux alcooliques dangereux pour autrui (loi très peu appliquée), la notion de dangerosité a été introduite par la loi n° 94-89 du 1er février 1994 ayant institué la peine incompressible de réclusion perpétuelle à l'encontre de certains criminels. L'établissement de la dangerosité comme catégorique juridique a été entériné par plusieurs loi sécuritaires, notamment celle du 12 décembre 2005 relative au traitement de la récidive des infractions pénales, celle du 25 février 2008 relative à la rétention de sûreté et à la déclaration d'irresponsabilité pénale pour cause de trouble mental ainsi que par celle du 10 mars 2010 tendant à amoindrir le risque de récidive criminelle et portant diverses dispositions de procédure pénale.

judiciaire, respectueuse de la personne humaine. Cette pensée de la *praxis* judiciaire ne peut s'inscrire que dans une réflexion plus large que celle relative au seul respect des normes déontologiques. En effet, les règles de bonne pratique ne peuvent prendre tout leur sens que si elles sont mises en perspective et qu'une finalité leur donne profondeur et valeur. Cette visée téléologique – et non seulement déontologique – excède le seul domaine de la pratique individuelle car elle conduit le praticien à regarder vers un horizon éthique ; ici, celui d'une éthique du juste. Comme le rappelle Paul Ricoeur, « le *juste* regarde de deux côtés : du côté du *bon*, dont il marque l'extension des relations interpersonnelles aux institutions ; et du côté du *légal*, le système judiciaire conférant à la loi cohérence et droit de contrainte »[4].

Pratique complexe, les soins pénalement contraints exigent de penser une clinique judiciaire pénale comportant une double exigence : au-delà de celle qui permet de déterminer son champ d'intervention et sa méthode, il est nécessaire de baliser les dimensions éthiques qui donnent à la pratique judiciaire sa sagesse[5].

Pour une clinique judiciaire

Parce qu'il doit se pencher[6] sur chaque cas à examiner, qu'il doit entendre toutes les parties au procès et que, *in fine*, il décide d'après son intime conviction[7], le juge connaît l'expérience d'une pratique clinique, en particulier lorsque celle-ci concerne une obligation ou une injonction de soins. Comme tout autre clinique (qu'elle soit médicale, psychothérapeutique ou éducative), la pratique judiciaire met au centre de son attention la personne humaine ; une personne humaine prise dans sa globalité et pouvant être considérée comme « un système de

4. *Soi-même comme un autre*, Paris, Seuil (coll. « Points-Essais », n° 330), 1990, p. 231.

5. « L'éthique correspond à une juste manière d'être, à la sagesse dans l'action », ainsi que le notent G. Canivet et J. Joly-Hurard, *La déontologie des magistrats*, Paris, Dalloz (coll. « Connaissance du droit »), 2004, p. 12.

6. D'après le *Dictionnaire historique de la langue française* (sous la dir. d'A. Rey), le terme *clinique* est emprunté au latin *clinicus*, mot lui-même calqué du grec *klinikos* (« qui concerne le lit »), lui-même dérivé de *kliné* (« lit »), terme provenant de *klinein* (« pencher, incliner »).

7. Et ce en application des articles 353, 427 ou 536 du code pénal, selon qu'il s'agit du jugement des crimes, des délits ou des contraventions. L'article 353 du code précité dispose que « la loi ne demande pas compte aux juges des moyens par lesquels ils se sont convaincus, elle ne leur prescrit pas de règles desquelles ils doivent faire particulièrement dépendre la plénitude et la suffisance d'une preuve ; elle leur prescrit de s'interroger eux-mêmes, dans le silence et le recueillement et de chercher, dans la sincérité de leur conscience, quelle impression ont faite, sur leur raison, les preuves rapportées contre l'accusé, et les moyens de sa défense. La loi ne leur fait que cette seule question, qui renferme toute la mesure de leurs devoirs : « Avez-vous une intime conviction ? » ».

transformations »[8] qui, par exemple, permet à un délinquant récidiviste de s'affranchir de transgressions répétitives et, finalement, de parvenir à se réinsérer ; une personne humaine non réduite à la seule structure de sa personnalité ou à certains traits psychopathologiques marquants mais considérée dans la complexité de son être et dans la liberté de son existence[9] ; une personne humaine qui peut être véritablement rencontrée et (re)connue dans sa vie, cette (re)connaissance devant être le fondement de la justice qu'on lui rend et de tous les droits auxquels elle peut prétendre[10]. Le regard qui est alors porté sur la personne en cause n'est pas un regard objectif car il émane d'un sujet humain qui s'adresse à un autre sujet humain, lequel n'est pas objet. Comme toute clinique, la clinique pénale se pratique à l'aide d'un regard non réducteur mais, au contraire, fondateur du sujet dans sa qualité irréductible[11].

Qu'elle se pratique en cabinet ou en salle d'audience, cette clinique se développe dans le cadre d'une structure invariante, celle du *procès* pénal, entendu en ses deux sens : *largo sensu*, celui d'un processus ample qui s'étend des poursuites pré-sentencielles jusqu'à la phase post-sentencielle ; ou bien, *stricto sensu*, celui d'un moment social qui rend public, dans un espace-temps hautement ritualisé, le drame intime vécu par un auteur et une victime. La scène judiciaire est « le théâtre de la rencontre du sujet et de la loi »[12]. Comme l'observe Denis Salas, le procès pénal est institué par un *tiers* et a pour enjeu d'aboutir à une décision qui restituera un ordre social où chacun pourra se reconnaître et reconnaître l'autre[13]. A l'aide d'un écrit initial, qui fixe en faits et en droit les termes de la contestation, il ouvre un espace de débat et organise la confrontation verbale ; il se conclura par un jugement écrit mais prononcé oralement, « loi particulière qui s'impose entre les parties et s'inscrit à l'intérieur de la loi commune qu'est le droit »[14]. Le lieu du procès, de l'audition ou de l'audience, n'est pas un lieu et un temps neutres. C'est un moment particulier d'expression, d'expression existentielle. C'est fréquemment un lieu de jaillissement des émotions, même si cet espace-temps est médiatisé par l'intervention du juge, tiers qui

---

8. R. Perron (dir.), *La pratique de la psychologie clinique*, Paris, Dunod (coll. « Psycho sup »), 2006, p. 15.
9. F.J.J. Buytendijk, « Personne et rencontre », *in* : *La criminologie et la philosophie pénale de l'Ecole d'Utrecht*, op. cit., p. 48.
10. F.J.J. Buytendijk, *op. cit.*, p. 51.
11. M. Foucault, *Naissance de la clinique*, Paris, PUF (coll. « Quadrige », n° 100), rééd. (1ère éd. 1963), p. X.
12. A. Garapon, *Bien juger. Essai sur le rituel judiciaire*, Préface de J. Carbonnier, Paris, O. Jacob (coll. « Opus »), 1997, p. 227.
13. *Du procès pénal. Eléments pour une théorie interdisciplinaire du procès*, Paris, PUF (coll. « Les voies du droit »), 1992, p. 22.
14. D. Salas, *ibid.*.

intervient pour mettre « la parole au milieu des hommes et la loi au cœur de la parole »[15].

Si le juge doit entendre et examiner précisément les dires des parties, son dire n'est pas une parole ordinaire. C'est un acte de langage particulièrement puissant, un énoncé « performatif »[16], notamment lorsqu'à l'issue du procès pénal est prononcé le verdict[17] : en ce cas, dire c'est punir. Ainsi que l'a magistralement montré Emile Benveniste, la notion de *diké* qui, dans la Grèce antique, désigne la justice – celle qui règle les rapports entre les familles en s'exerçant hors du groupe familial, à la différence de la *thémis* qui, elle, s'exerce à l'intérieur du groupe familial – porte en son sein une dimension verbale fondamentale (dérivé du grec, le verbe latin *dico* signifie « dire »). Pour le juge antique, faire acte de justice, c'est dire. Et dire, c'est montrer ; montrer avec autorité ce qui doit être afin de mettre un terme au litige ou aux abus[18]. C'est une parole juste dont la valeur est semblable à celle d'un autre praticien qui fait autorité, le médecin. Et Benveniste de noter que les termes ayant *med-* pour racine[19] relève du même registre que *ius* et *diké* : ils désignent une règle établie, un ordre que le magistrat modérateur a pour fonction de formuler. S'agissant des soins pénalement contraints, la philologie nous enseigne qu'un même horizon éthique, composé de respect de la personne humaine et de mesure, de juste modération, peut guider les pas des soignants autant que ceux des praticiens du champ pénal.

Au-delà des discours et des normes sécuritaires...

Les professionnels engagés dans la mise en place des soins pénalement ordonnés sont confrontés à une situation particulièrement délicate en raison des tensions, plus ou moins manifestes, auquel leur champ d'exercice est soumis. Ces tensions proviennent notamment de la présence concomitante de deux logiques d'action dont les sources et les visées opposées organisent les institutions pénales, sociales et médicales dans lesquelles ils oeuvrent : d'une part, une logique collective et sécuritaire qui a pour axe prioritaire la protection et la défense sociales ainsi que la mise en place des moyens

---

15. D. Salas, *id.*, p. 55.

16. Dans son célèbre ouvrage, *How to do Things with Words* (1962), traduit en français sous le titre *Quand dire c'est faire* (1970), le philosophe anglais J. L. Austin a montré que certains énoncés *sont* en eux-mêmes l'acte qu'ils désignent (telle la formule rituelle prononcée par le maire lors d'un mariage, ou une promesse donnée, ou bien un verdict), d'où leur caractère *performatif.*

17. Dans *Quand dire, c'est punir. Essai sur le jugement pénal* (Bruxelles, Publications des Facultés universitaires Saint-Louis, n° 101, 2005), M. van de Kerchove observe que l'étymologie latine (*veredictum*) de ce terme signifie « véritablement *dit* ».

18. E. Benveniste, *Le vocabulaire des institutions indo-européennes*, t. 2 – *Pouvoir, droit, religion*, Paris, Ed. de Minuit (coll. « Le sens commun »), pp. 107-110.

19. *Op. cit.*, p. 123.

objectifs les garantissant ; d'autre part, une logique individuelle et humanitaire qui est principalement animée par la compréhension des personnes, par le souci de la singularité de rencontres porteuses de changement existentiel, par le respect de l'intersubjectivité reliant les individus, quel que soit leur statut pénal ou social.

De nombreux discours publics, fortement diffusés par les médias et mettant incessamment en scène « l'infini de la plainte »[20] victimale, exacerbent une volonté de punir proclamée de façon tonitruante. Cette logique nourrit un populisme pénal[21] aisément reconnaissable au caractère tératologique[22] ou bien vétérinaire[23] de sa sémantique. Comme aux premiers temps de la criminologie, une telle logique valorise la notion de dangerosité, au point de lui conférer désormais un statut pénal codifié. Faisant peu de cas du caractère éminemment polymorphe que les approches plurielles[24] et critiques[25] de ce phénomène n'ont cessé de souligner, ce mouvement sécuritaire fait prévaloir un strict principe de précaution[26] et, refusant conséquemment tout risque pénal[27], a rendu possible un enfermement illimité[28] ou un internement à vie[29] des personnes dangereuses dans des

---

20. D. Salas, *La volonté de punir. Essai sur le populisme pénal*, Paris, Hachette-Littératures, 2005, p. 97.

21. Comme l'observe D. Salas, « c'est de cette rencontre entre la composante émotionnelle de la démocratie et le versant purement répressif du droit de punir que naît le populisme », *op. cit.*, p. 100.

22. D. Zagury, « 'Les nouveaux monstres', plaidoyer pour un traitement raisonné des agresseurs sexuels », in : A. Ciavaldini (dir.), *Violences sexuelles. Le soin sous contrôle judiciaire*, Paris, In Press (coll. « Explorations psychanalytiques »), 2003, p. 38.

23. Initialement réservée au traitement de la viande bovine, la notion de *traçabilité* est désormais appliquée aux personnes, en particulier lorsqu'elles sont poursuivies et condamnées pour infractions sexuelles. Le 23 septembre 2003, D. Perben (à l'époque, ministre de la Justice) avait déclaré au journal *Le Parisien* que le futur fichier judiciaire national automatisé des auteurs d'infractions sexuelles (FIJAIS) était un « nouvel outil [permettant], notamment, de localiser les grands criminels [et d'assurer] leur traçabilité au sein de la population ». Depuis, l'art. 28-1-2° de la loi n° 2005-1549 du 12 décembre 2005 a étendu le recours à ce fichier aux auteurs de crimes violents. Par ailleurs, le terme « prédateur », importé d'Amérique du nord, désigne couramment un auteur d'agressions sexuelles.

24. C. Beaurepaire, M. Bénézech, C. Kottler (dir.), *Les dangerosités. De la criminologie à la psychopathologie, entre justice et psychiatrie*, Paris, John Libbey-Eurotexte, 2004, 424 p.

25. N. Przygodzki-Lionet, C. Dupuis-Gauthier, « La dangerosité : émergence d'une notion et critiques d'un concept », *Forensic*, n° 15, juil.-août-sept. 2003, pp. 15-19.

26. J. de Maillard, « L'émergence du principe de précaution judiciaire : une utopie coincée entre productivisme et contre-productivité », *Les Cahiers de la Justice* (Paris, Dalloz/Ecole nationale de la magistrature), n° 2, automne-hiver 2006-2007.

27. A. Garapon & D. Salas, *Les nouvelles sorcières de Salem. Leçons d'Outreau*, Paris, Seuil, 2006, p. 88.

28. La loi du 25 février 2008 relative à la rétention de sûreté a été précédée par plusieurs rapports portant sur la dangerosité des criminels (sexuels ou non), en particulier celui rédigé par le Député J.-P. Garraud, *Réponses à la dangerosité*, rapport de la mission parlementaire relative à la dangerosité et à la prise en charge des individus dangereux, remis au Ministre de

« centres fermés de protection sociale »[30] dont la création, en France, est sollicitée de façon réitérée malgré l'existences des unités hospitalières spécialement aménagées (USHA)[31]. Dans une même logique d'intolérance au risque, de nouvelles techniques de surveillance des personnes placées sous main de justice – surveillance électronique statique ou mobile – ont été légalisées[32] ; par-delà les avis négatifs des instances de défense des droits de l'Homme[33] et bien que les défaillances du fonctionnement actuel des fichiers de police soient dénoncées[34], de nouveaux outils de fichage ont été introduits, concernant notamment les auteurs d'infractions sexuelles ou violentes[35], y compris déclarés pénalement irresponsables pour cause de trouble mental[36]. Cette surveillance intensifiée et ce fichage accru illustrent la quête contemporaine – utopie moderne[37] ? – d'une toujours plus grande transparence des vies publiques autant que des vies privées, au point que le

---

la justice le 18 oct. 2006 (voir notamment la préconisation n° 21, pp. LXXV-LXXVI). En 1903, le juriste J.-R. Garraud préconisait déjà que les « demi-fous » dangereux exécutent des « mesures d'internement indéterminées dans la durée » dans des « asiles de sûreté » (cité par M. Renneville, *Crime et folie*, Paris, Fayard, 2003, p. 343).

29. B. Gravier, R. Raggenbass, J. Gasser, « Questions éthiques et cliniques posées par l'adoption de l'initiative sur l'internement à vie des délinquants particulièrement dangereux par le peuple suisse », *Bulletin des médecins suisses*, 2006, 87 (8), pp. 304-309.

30. Voir la proposition n° 23-c du rapport de la commission Santé-Justice présidée par J.-F. Burgelin, *Santé, justice et dangerosités : pour une meilleure prévention de la récidive*, Paris, juillet 2005, p. 77.

31. Pour la Commission des lois du Sénat, la mise en place des UHSA, implantées dans des hôpitaux mais gardées par le personnel pénitentiaire, permet la prise en charge des personnes condamnées dangereuses. Voir le rapport de la mission d'information menée par P. Goujon et C. Gautier sur *les mesures de sûreté concernant les personnes dangereuses*, Sénat, séance du 22 juin 2006.

32. Voir la loi n° 97-1159 du 19 décembre 1997 relative à la surveillance électronique (art. 723-7 et s. CPP) et l'art. 20 de la loi n° 2005-1549 du 12 décembre 2005 ayant introduit dans le code de procédure pénal français un titre VII ter intitulé « Du placement sous surveillance électronique mobile à titre de mesure de sûreté » (art. 763-10 et s. CPP).

33. Voir notamment l'avis adopté le 20 septembre 2003 par la Commission nationale consultative des droits de l'Homme (CNCDH) sur les dispositions relatives au fichier judiciaire national automatisé des auteurs d'infractions sexuelles introduites par le Sénat dans le projet de loi portant adaptation de la justice aux évolutions de la criminalité. www.commission-droits-homme.fr

34. Par exemple, par F. Ocqueteau et P. Pichon, *Une mémoire policière sale*, Paris, Jean-Claude Gawsewitch, 2010.

35. Fichier dit FIJAIS, créé par l'art. 48 de la loi n° 2004-204 du 9 mars 2004 (dite Perben 2).

36. Art. 706-53-2, 4° du code de procédure pénale, introduit par la loi du 25 février 2008.

37. Comme l'avance P. Bouretz, « on pourrait [...] faire l'hypothèse que la transparence dans les relations privées et publiques [...] est ce qui survit des utopies modernes quand leurs contenus d'égalité et de justice sociale se sont épuisés. Comme si l'imaginaire démocratique continuait de rêver à un espace social sans médiations où chacun serait sous le regard des autres. » *In*, « Philosophie du secret », *L'information psychiatrique*, n° 7, sept. 1996, pp. 686-687.

secret[38] des professionnels apparaît désormais, pour nombre de décideurs, comme un obstacle à la mise en place de leurs politiques publiques de sécurité.

...une pratique humaniste.

Face à ce mouvement sécuritaire de grande ampleur, la logique qui anime les praticiens engagés dans les relations individuelles qu'ils nouent avec les personnes placées sous main de justice apparaît foncièrement humaniste. Outre qu'elle parie sur la capacité de l'homme à évoluer, à se transformer, la clinique qui s'en inspire articule deux idées fondamentales : l'homme peut changer et les hommes peuvent changer d'autres hommes[39]. Cette pratique humaniste est attachée aux *rencontres*[40] singulières entre des personnes (concomitamment justiciables, patients ou ayants droit) et des praticiens lucides, sachant « l'impossible risque zéro »[41] en matière de criminalité, comme d'ailleurs en tout domaine de la vie humaine. Respectueux de la dignité des personnes, quel que soient les crimes qu'elles aient commis[42], et soucieux de construire des « espaces où des échanges peuvent se produire »[43] en vue d'un changement personnel, les professionnels des soins et de la peine sont conjointement attentifs au sens qui peut et doit être donné à une sanction pénale[44] intégrant un processus obligé ou enjoint d'entrée dans une démarche thérapeutique, laquelle ne peut qu'être précédée par une réflexion de nature infra-thérapeutique. En quête de modération – rappelons que pour le juge cette vertu est un devoir d'état[45] –, les praticiens des soins pénalement contraints sont, face à la démesure répressive qu'ils côtoient quotidiennement, demandeurs implicites de *mitezza* (que le français traduit

---

38. « N'est-ce pas, après tout, la caractéristique des sociétés totalitaires, que de pourchasser le secret ? En cela, secret et liberté sont intimement liés, et la transparence sert souvent de masque aux démagogues », ainsi que le remarque J.-C. Magendie (« Pouvoir, dans la transparence, prétendre à une part irréductible de secret », *in*, E. Hirsch & J.-C. Magendie (dir.), *Ethique, justice et médecine. Rencontres au tribunal de grande instance de Paris*, Paris, Vuibert (« Espace éthique »), 2005, p. 16).
39. S. Portelli, *Juger. Spirales sécuritaires, libertés en danger*, Ivry-sur-Seine (France), Ed. de l'Atelier, 2011, p. 149.
40. A. Rault, *Pour une psychiatrie de la rencontre. Les passagers des longs couloirs*, Paris, L'Harmattan (coll. « Parcelles de la mémoire »), 1997.
41. C. Canetti, « L'impossible risque zéro », *Le Monde*, 14 nov. 2006, p. 23.
42. « On juge un homme, non une bête (…). Un magistrat ne doit jamais bafouer la dignité de celui qui comparaît devant lui. » P. Truche, *Juger, être jugé. Le magistrat face aux autres et à lui-même*, Paris, Fayard, 2001, p. 168.
43. A. Rojas Urrego, *Le phénomène de la rencontre et la psychopathologie*, Paris, PUF (coll. « Nodules »), 1991, p. 74.
44. N. Frize, *Le sens de la peine. Etat de l'idéologie carcérale*, Préf. de M. Rebérioux, s.l., Ed. Léo Scheer (coll. "Lignes"), 2004.
45. G. Thuillier, *L'art de juger*, Paris, Economica, 2001, pp. 25-29.

imparfaitement par douceur[46]), cette qualité des humains « dont l'autre a besoin pour vaincre le mal en lui »[47]. En ce qui le concerne, le clinicien n'ignore pas que le traitement proposé consiste en « la mise en œuvre d'un travail (difficile et incertain) d'élaboration psychique qui permet au sujet engagé dans le travail de repérer son fonctionnement mental et son mode relationnel (et leurs conséquences) »[48]. Il n'ignore pas non plus ce paradoxe de la pensée humaine – « il est nécessaire de cacher ses pensées à autrui pour aller à la découverte des siennes propres, pour construire son Soi »[49] – qui, au cœur de la relation clinique, impose le *secret* comme « une dimension constitutive de l'intersubjectivité »[50], essentielle à l'autonomie d'un *sujet* libre de penser bien que faisant l'*objet* d'obligations ou d'injonctions pénales. Enfin, face à la si persistante opinion assimilant l'auteur de crime au malade mental – « les crimes les plus graves ne peuvent avoir été commis que par des malades mentaux » dit la *doxa* –, il n'ignore pas la modestie qui doit être la sienne quand, à l'égard d'excessives attentes vis-à-vis des psychiatres et des psychologues, il sait qu' « à ce jour aucune étude validée ne peut confirmer une atténuation de risques de violences par une seule action sur le psychisme »[51], la prévention des infractions (et de leur récidive) ne pouvant être que le fruit d'une prise en charge multidisciplinaire liant « la sanction qui dit la loi, une action socio-éducative et d'insertion souvent prioritaire et une prise en charge psychiatrique et psychothérapeutique »[52], que le fruit d'un traitement adapté, mis en œuvre au bon moment[53] grâce au prononcé de sanctions « aérodynamiques »[54] car profilées pour offrir le moins de résistance possible à l'air (… du temps sécuritaire ?).

46. Voir G. Zagrebelsky, *Le droit en douceur. Il diritto mite*, trad. de l'it. par M. Leroy, Aix / Paris, PUAM / Economica (coll. « Droit public positif »), 2000, 153 p.
47. N. Bobbio, *Le sage et la politique. Ecrits moraux sur la vieillesse et la douceur*, trad. de l'it. par P.-E. Dauzat et D. Trierweiler, Paris, Albin Michel (coll. « Bibliothèque Idées »), 2004, p. 78.
48. C. Paulet, « Les soins et la récidive », *Le Monde*, 2 fév. 2006, p. 19.
49. P. Lévy-Soussan, *Eloge du secret*, Paris, Hachette-Littératures, 2006, p. 34.
50. P. Bouretz, *op. cit.*, p. 687.
51. J.-L. Senon & C. Manzanera, « Psychiatrie et justice pénale : à la difficile recherche d'un équilibre entre soigner et punir », *Actualité juridique – Pénal* (Paris, Dalloz), n° 10, oct. 2005, p. 356.
52. J.-L. Senon & C. Manzanera, *ibid.*.
53. M. Herzog-Evans, « Récidive : surveiller et punir plus plutôt que prévenir et guérir », *Actualité juridique – Pénal* (Paris, Dalloz), n° 9, sept. 2005, p. 305.
54. Selon le qualificatif pertinent proposé par M. Janas dans son article, « Les récentes mutations de la sanction », *Les Cahiers Français* (La Documentation française), p. 88.

Esprit de résistance et clinique poétique

Face à cette bipolarité des logiques sécuritaire et humaniste, éviter que les soins pénalement contraints ne constituent une nouvelle anthropotechnique de gestion du parc humain ou de domestication des êtres[55], éviter ensuite qu'elle soit une nouvelle figure d'une police des conduites[56] ou d'un panoptisme sanitaro-pénal, éviter enfin qu'elle ne se transforme en « un espace inquiétant de contrôle thérapeutique »[57], exige de la part des praticiens un véritable esprit de résistance. Mais s'il convient de résister aux pressions externes générées par les discours publics, il convient aussi de résister aux pressions internes qui proviennent des diverses… résistances que les professionnels peuvent opposer à ce type de soins. Cette éthique de la résistance doit conduire les institutions concernées et les différents praticiens impliqués à surmonter divers écueils, à être lucides face aux multiples attitudes défensives qu'ils peuvent rencontrer. Il faut d'abord réduire l'excès de distance qui peut exister entre les différents professionnels ayant à intervenir auprès de la personne obligée ou enjointe : la revendication d'une insurmontable contradiction entre la logique du soin et celle de la peine apparaît stérile à l'heure où les pratiques (thérapeutiques, sociales, judiciaires) ne cessant de s'adapter à la recomposition des champs sociaux, il n'est plus possible d'ignorer l'exercice des autres praticiens[58], lesquels travaillent de plus en plus en réseaux[59].

Dans les situations de soins pénalement ordonnés, malgré l'apparente antinomie des termes, c'est à la maîtrise d'une *antonymie* sanitaro-pénale que l'ensemble des intervenants est convié : au-delà des sens opposés de leur action première – l'une tournée vers la santé des personnes, l'autre vers l'intérêt général de la société –, les acteurs du soin et ceux de la justice ont un devoir commun, celui de ne pas négliger la dimension complémentaire de leurs intervention[60]. Rappelons que l'autorité judiciaire est garante des

---

55. P. Sloterdijk, *Règles pour le parc humain. Une lettre en réponse à la* Lettre sur l'humanisme *de Heidegger*, trad. de l'all. par O. Mannoni, Paris, Fayard (coll. « Mille et une nuits », n° 262), 1999.
56. J.-C. Monod, *Foucault, la police des conduites*, Paris, Michalon (coll. « Le bien commun »), 1997.
57. B. Gravier, « Ethique de l'obligation de soin », *Sexologies*, 1997.
58. « Juger, comprendre, sanctionner, soigner sont devenus les facettes d'une même pratique multiforme articulée en réseau », F. Chaumon, *Lacan. La loi, le sujet et la jouissance*, Paris, Michalon (coll. « Le bien commun »), 2004, p. 8.
59. Voir la circulaire du ministre de la santé et des solidarités, Paris, n° DHOS/DGS/O2/6C/2006/168 du 13 avril 2006 relative à la prise en charge des auteurs de violences sexuelles et à la création de centres de ressources interrégionaux.
60. Comme l'observe J.-P. Arveiller, « tout soin nécessite rencontre et c'est en ce sens qu'il nous semble que la psychiatrie ne peut être autre chose qu'une anthropopsychiatrie ou plutôt une 'anthropo-santé mentale' dans la mesure où nous aurons probablement besoin de multiplier les acteurs y compris en dehors du champ restreint du soin si nous voulons

libertés individuelles (art. 66, al. 1er de la Constitution française) et que le médecin est conjointement « au service de l'individu et de la santé publique » (art. 2, al. 1er du code de déontologie médicale). La dialectique de l'obligation de soins ne peut donc se développer dans l'immobilisme d'une disjonction institutionnelle et professionnelle irréductible, dans une vaine attente de la demande de soins autant que dans le forçage d'une démarche thérapeutique à laquelle le sujet n'adhèrerait pas. Cependant, bien que dominée par la figure dynamique du chiasme, cette pratique dialectique ne supporte pas non plus l'interchangeabilité des places. Il faut ensuite ne pas céder à un excès de proximité qui pourrait mener à une dommageable « confusion des langues »[61] lorsque, la polysémie d'un vocabulaire commun (loi, sujet, dénégations, déni, culpabilité…) étant niée (malgré l'usage d'initiales majuscules) et les ordres discursifs se chevauchant en raison d'un abus de psychologisme ou de pénalisme, la toute puissance d'un juge s'imaginant thérapeute serait aussi dangereuse pour le respect des droits du sujet qu'abusive pour sa personne l'attitude inquisitoriale d'un soignant ou l'accusation d'un expert.

L'arthrologie professionnelle, le nouveau paradigme épistémologique et institutionnel qu'impose la pratique des soins pénalement contraints, nécessite que les rôles et les langues de chacun des partenaires ne soient pas mêlés dans un « espéranto du partenariat »[62]. Au contraire, la nécessaire pluridisciplinarité de cette pratique implique un relatif polyglottisme – « traduire pour l'autre et se faire traduire la langue de l'autre »[63] – ainsi qu'une vigilante attention aux prescriptions déontologiques de chacun[64]. Face à la logique des acteurs politiques, qui vouent au « sacre du présent »[65] un culte tyrannique du temps réel[66], les acteurs poétiques que sont les praticiens ont pour obligation de ne pas céder à la démesure[67] : une démesure

réellement la mettre en œuvre », *Psychiatrie et folie sociale*, Ramonvile-Saint-Agne, Erès (coll. « Etudes, recherches, actions en santé me,tale en Europe »), 2006, p. 211.

61. L. Bellon & C. Guéry, « Juges et psy : la confusion des langues », *Revue de science criminelle et de droit pénal comparé*, 1999, n° 4, pp. 783-792.

62. M. Libert, « L'interdisciplinarité dans l'abord des enfants victimes d'agressions sexuelles », *in* E. Archer (dir.), *Agressions sexuelles : victimes et auteurs*, Paris, L'Harmattan (coll. « Sexualité humaine – Mémoires du temps »), 1998, p. 71.

63. M. Libert, *ibid.*

64. Prescriptions édictées, notamment, par le *Code de déontologie médicale* (en particulier dans son édition du Seuil, en collection « Points-Essais », préfacée par P. Ricoeur), et par le Conseil supérieur du travail social (CSTS) dans son rapport intitulé *Ethique des pratiques sociales et déontologie des travailleurs sociaux. La nécessaire question du sens et des limites des interventions sociales*, Rennes, Ed. de l'ENSP, 2001, 156 p.

65. Z. Laïdi, *Le sacre du présent*, Paris, Flammarion (coll. « Champs », n° 524), 2000.

66. P. Virilio, *La vitesse de libération*, Paris, Galilée (« L'Espace critique »), 1995, p. 31.

67. X. Lameyre & J.-L. Senon, Résister à la démesure, *Forensic*, n° 16, oct.-déc. 2003, pp. 1-2.

par défaut, celle du temps compressé de l'immédiateté procédurale[68], autant qu'une démesure par excès, celle du temps infini de la perpétuité pénale[69]. A la manière des sages anciens, les praticiens des soins contraints savent empiriquement ce que Saint Augustin avait confessé – « le présent nous crie [...] qu'il ne peut pas être long »[70], ce que Plutarque avait défendu – « mettre la main à faire justice de tout ordre, à loisir, et en toute sollicitude, ayant pour conseiller le temps »[71], ou ce que Baltasar Gracian avait enseigné – « le délai mûrit les desseins et produit les succès : au lieu que l'empressement fait tout avorter »[72]. A la manière des sages chinois, ils concevraient aisément que le temps stratégique est un temps *régulé*[73].

Pratique limite, les soins pénalement contraints le sont à un double titre. D'une part, la décision judiciaire fondant la légitimité de tels soins constitue bien une limite (dont la dure réalité n'efface pas la symbolique), socialement rappelée au sujet délinquant (étymologiquement, celui qui a quitté la voie du devoir). L'expérience montre que, fréquemment, « la confrontation à la justice pour l'acte commis et prouvé est chose nécessaire pour lever le déni et contraindre le mis en cause à s'interroger sur son propre fonctionnement »[74]. D'autre part, cette pratique impose aux professionnels concernés de connaître et d'assumer les limites de leur propre exercice (au-delà des actes pratiqués couramment) mais également celles de l'exercice des autres partenaires. A l'égard de personnes dont les transgressions dénoncées et condamnées manifestent une capacité défaillante à respecter les normes prohibitives d'une société, il serait éthiquement indigne autant que pragmatiquement néfaste de masquer les limites normatives et prescriptives qui fondent les spécificités d'action de chaque professionnel.

---

68. Voir notamment F. Ost, *Le temps du droit*, Paris, O. Jacob, 1999 et J. Motte dit Falisse, « Perception du temps et procédures judiciaires : une approche systémique de la question à partir des travaux d'Edward T. Hall », *Revue de science criminelle et de droit pénal comparé* (Paris, Dalloz), n° 4, oct.-déc. 2002, pp. 892-899.
69. A.-M. Marchetti, *Perpétuités. Le temps infini des longues peines*, Paris, Plon (coll. « Terre Humaine »), 2001.
70. *Les Confessions*, Livre Onzième, Chap. XV.
71. *Sur les délais de la justice divine*. Trad. du grec par J. Amyot (1572), introduction et notes par J.-F. Gautier, Arles, Actes Sud (coll. « Babel », n° 135), 1995, p. 37.
72 *L'Homme universel*, trad. de l'esp. [*El discreto*, 1723] par J. de Courbeville, Paris, Ed. Ivrea, 1994, p. 24.
73. Pour le philosophe et sinologue F. Jullien, le temps *régulé* « n'est pas un temps régulier comme celui de la science – temps docile, ni non plus un temps accidentel, comme celui qui est ouvert à l'action – temps rebelle ». Dans la pensée chinoise traditionnelle, l'auteur nous apprend que le temps régulé « maintient l'équilibre à travers la transformation et reste cohérent tout en ne cessant d'innover ». *Traité de l'efficacité*, Paris, Grasset / Le Livre de Poche (coll. « Biblio-Essais », n° 4292), 1996, p. 95.
74. C. Balier, C. Parayre, C. Parpillon, *Traitement et suivi médical des auteurs de délits et de crimes sexuels*, Rapport, Paris, Ministère de la santé / min. de la justice / CEFS, 1995, p. 35.

Défendre qu'une éthique des limites doit sous-tendre la pratique des soins contraints ce n'est certainement pas vouloir limiter les occasions de rencontre et de liaison[75] inter-professionnelles ; c'est, au contraire, soutenir que la possible fécondité de cette antonymie judiciaire et thérapeutique emprunte les plis et les replis d'une « conflictualité constructive »[76], animatrice de différents lieux, temps et personnes. Cette quête permanente d'une juste distance, d'une juste position, recherchées tant à l'égard des institutions partenaires que de la personne placée sous main de justice, peut être à l'origine de véritables rencontres existentielles[77] et, en conséquence, de potentiels changements personnels. Une telle vigilance éthique exige de la part des non soignants qu'une attention *clinique* (au sens premier du terme) soit portée à l'évolution du sujet. Si, dans ce cadre, les actes expertaux représentent une aide majeure dans la connaissance du justiciable, il serait erroné d'imaginer que seul le recours à une procédure aussi lourde soit à même d'informer de façon pertinente le juge ou les travailleurs sociaux ; ces derniers ne doivent en rien négliger les savoirs issus d'une écoute attentive des dires du sujet, provenant de l'observation de sa conduite ainsi que des informations des personnes le côtoyant ou le visitant.

Cette clinique judiciaire permet d'appréhender ce qu'il est possible de nommer une *poétique pénale*[78], processus particulièrement à l'œuvre dans l'exécution et l'application de la sanction pénale. Si, ainsi que l'affirme Giorgio Agamben, « l'homme a sur terre un statut poétique »[79] – la *poiesis* construisant « l'espace où l'homme trouve sa certitude et assure la liberté et la durée de son action »[80] –, la construction existentielle des individus pouvant s'inscrire dans les mouvements (progrédients ou régrédients) d'une véritable poétique processuelle[81], il apparaît essentiel que les décisions prises dans le temps judiciaire rencontrent, de la façon la plus pertinente possible, celles qui, en des temps psychiques intimes, marquent l'existence du sujet. Cette « poéthique » – chevauchement d'une poétique originale et d'une

75. J.-L. Senon, *Psychiatrie de liaison en milieu pénitentiaire*, Paris, PUF (coll. « Médecine & Société), 1998.

76. B. Gravier, « L'indépendance professionnelle du personnel de santé travaillant en milieu pénitentiaire », *in* : N. Queloz, F. Riklin, A. Senne (dir.), *Médecine et détention / Medizin und Freiheitsentzug*, Berne, Stämpfli (coll. "Criminalité, justice et sanction"), 2002, p. 157.

77. Voir notamment F.J.J. Buytendijk, *Phénoménologie de la rencontre*, trad. par J. Knapp, Bruxelles, Desclée de Brouwer (coll. « Textes et études philosophiques »), 1952, et P. Moutin, « Phénoménologie, existentialisme et criminologie », *Annales Medico-Psycholiques*, 1999, n° 157, p. 635.

78. X. Lameyre, « Une poétique des soins pénalement ordonnés », *Forensic*, 2003, n° 13, pp. 13-23.

79. G. Agamben, *L'Homme sans contenu*, trad. par C. Walter, Paris, Circé, 1996. Voir en particulier le chapitre VIII, « *Poiesis* et *praxis* », pp. 91-123.

80. G. Agamben, *ibid.*.

81. X. Lameyre, « Actualité et acte de juger. Ethique d'une poétique du procès », *Les petites affiches* (numéro spécial « Actualité et droit »), n° 138, 13 juil. 2005, pp. 17-23.

éthique qui en conditionne l'avènement – peut rendre féconde une rencontre opportune, « conjonction kaïrique dont il faut profiter »[82] (en grec, le *kairos* est le moment favorable à l'action), occasion qui constitue « une chance dirigée, mise au service de la liberté »[83], la liberté du justiciable d'amorcer des soins puis de les faire siens, souvent au-delà de la décision judiciaire initiale.

Dépasser l'obstacle épistémologique qu'une conception foucaldienne du fatal asservissement des soins au biopouvoir étatique peut dresser, rappeler que l'étymologie permet le dévoilement de « l'alliance cachée de la surveillance et du soin »[84] et défendre que les soins obligés ou enjoints, s'articulant dans une alliance inattendue à la peine, peuvent être générateurs « d'un travail (difficile et incertain) d'élaboration psychique »[85], c'est finalement souligner combien cette pratique limite doit aiguiser le sens des responsabilités des professionnels dont les métiers s'exercent dans un espace-temps médiat particulier, celui de la sollicitude[86]. C'est à cet endroit que les cliniciens doivent être poétiques, eux qui, d'expérience, ont éprouvé ce que chantent les poètes :

« Rien n'est jamais acquis à l'homme, ni sa force, ni sa faiblesse »[87].

« Toute fêlure semence
Toute fracture naissance »[88].

---

82. F. Jullien, *op. cit.*, p. 100.
83. V. Jankélévitch, *Le Je-ne-sais-quoi et le Presque-rien*, t. 1, *La manière et l'occasion*, Paris, Seuil (coll. « Point-Essais », n° 128), 1980, p. 123.
84. A. Ciavaldini (dir.), *Violences sexuelles. Le soin sous contrôle judiciaire*, Paris, Ed. In Press (coll. « Explorations psychanalytiques »), 2003, p. 26.
85. C. Paulet, "Les soins et la récidive", *Le Monde* (Paris), jeu. 2 fév. 2006, p. 19.
86. A. Van Sevenant, *Philosophie de la sollicitude*, Paris, Vrin (coll. « Pour demain »), 2001, p. 178.
87. L. Aragon, « Il n'y a pas d'amour heureux », *La Diane Française*, Seghers, 1946.
88. F. Cheng, « Double chant », *A l'orient de tout*, Gallimard, 1998.

5

Le traitement dans la peine et la peine comme traitement

par Olivier Razac

Le champ des mesures de probation s'est considérablement étendu et diversifié depuis une quarantaine d'années. Nous sommes ainsi passés d'environ 20000 mesures de milieu ouvert (essentiellement des sursis avec mise à l'épreuve) au milieu des années 1970 à environ 190000 mesures aujourd'hui. Cette extension s'est accompagnée d'une multiplication des dispositifs de prise en charge : travail d'intérêt général (1984), suivi socio-judiciaire (1998), placement sous surveillance électronique (2000) et récemment les mesures de sûreté comme la surveillance judiciaire ou la surveillance de sûreté. Cette évolution s'est accompagnée du développement et de la professionnalisation du partenariat avec d'autres administrations, d'autres champs professionnels ou avec le secteur associatif.

Une des conséquences de cette complexification est que les services pénitentiaires d'insertion et de probation (SPIP) qui font l'interface entre toutes les facettes de la peine doivent manipuler plusieurs rationalités ou logiques de pensée et d'action. On peut ainsi repérer au moins six rationalités structurantes dans les mesures de probation dont les relations sont à la fois complexes et conflictuelles, voire contradictoires[1]. On trouve, tout d'abord, un triptyque classique hérité de la réforme pénitentiaire d'après-guerre qui fait de l'action des SPIP une action socio-éducative sous mandat pénal. La base du travail des conseillers pénitentiaires d'insertion et de probation reste donc aujourd'hui structurée par une rationalité pénale, une rationalité éducative et

1. Ce propos s'inspire d'une recherche intitulée *Les rationalités de la probation française* menée par Razac O. (CIRAP/Énap), Gouriou F. (CIAPHS) et Salle G. (CLERSÉ) de juin 2011 à mars 2013 (le rapport est téléchargeable sur le site de l'Ecole nationale d'administration pénitentiaire : www.enap.justice.fr).

une rationalité sociale. En plus de ce triptyque, se sont ajoutées progressivement trois autres rationalités : une rationalité sanitaire, une rationalité de « gestion des risques criminels », à laquelle on peut réserver le qualificatif de « criminologique », et une rationalité gestionnaire ou de « nouvelle gestion publique ».

Pour ce qui nous intéresse ici, nous nous limiterons à l'analyse de l'influence croissante d'une rationalité sanitaire dans la peine, en particulier en tant qu'elle établit des rapports difficiles avec la rationalité pénale qui reste le socle des mesures de probation. D'une manière succincte, on peut relier l'importance croissante des aspects sanitaires dans la peine à deux phénomènes : d'une part, l'autonomisation de la médecine pénitentiaire, en particulier à travers la création des services médico-psychologiques régionaux (SMPR) en 1985 et la loi de 1994 et la création des unités de consultation et de soins ambulatoires (UCSA). D'autre part, l'augmentation quantitative et qualitative des différentes formes de soins pénalement contraints a un impact particulièrement important sur le contenu des mesures de probation et la prise en charge des probationnaires. L'injonction de soin fonctionne essentiellement dans le suivi socio-judiciaire (SSJ). En 2009, sur les 1342 SSJ, on estime que 66 % sont assortis d'une injonction de soins[2]. Il n'existe pas de statistiques nationales pour les obligations de soin qui s'inscrivent surtout dans le sursis avec mise à l'épreuve (SME). Mais différentes estimations indiquent une proportion d'environ 65% d'obligations de soin, parfois systématiques pour les problématiques d'addiction[3].

Or, il faut rappeler que le « mariage » entre le pénal ou le pénitentiaire et le domaine du soin est loin d'être évident. Ceci est particulièrement visible si l'on part d'une définition « pure » des rationalités pénale et sanitaire. Si l'on se limite à une définition stricte de *la rationalité pénale*, c'est-à-dire selon ce que cette rationalité a en propre, à partir de ce qui la distingue des autres rationalités avec lesquelles elle cohabite ; la finalité de la peine est le paiement d'une dette envers la société. Il faut insister sur le caractère politique de cette « dette » dans le cadre d'une pensée contractualiste. Cette dette est celle d'un citoyen du fait d'une transgression volontaire, d'une désobéissance aux règles auxquelles il est contractuellement tenu comme membre de la société. Le moyen privilégié pour régler cette dette est une punition. Or, une punition suppose deux critères nécessaires. Elle est *imposée* de l'extérieur et elle doit être *pénible* (c'est-à-dire qu'elle doit produire une souffrance physique et/ou morale). Il est contradictoire de penser une punition agréable, en particulier

2. IGAS/IGSJ, *Rapport sur l'évaluation du dispositif de l'injonction de soins*, Paris, 2011.

3. Dindo S., Sursis *avec mise à l'épreuve : la peine méconnue. Une analyse des pratiques de probation en France*, Paris, Direction de l'administration pénitentiaire/bureau PMJ 1, mai 2011.

parce qu'elle ne permettrait plus dès lors aucun paiement, aucune rétribution. Or, cette conception classique du pénal reste le socle de légitimation de l'application des peines.

La rationalité *sanitaire* est plus difficile à cerner, à rassembler dans une définition unique. Non seulement on y retrouve, au moins, deux champs d'action bien distincts : le soin somatique et le soin psychique. Mais, à l'intérieur même de ces champs, on trouve des approches théoriques et pratiques très différentes, parfois clairement opposées (pensons aux différentes approches du phénomène psychique : psychanalyse, comportementalisme, cognitivisme, neuropsychologie etc.). Ceci dit, il est possible de s'appuyer sur ce qui fait consensus et qui détermine la spécificité de l'approche sanitaire. La finalité consensuelle de la rationalité sanitaire consiste à soulager un individu ou un groupe d'une souffrance (physique ou mentale). L'Organisation mondiale de la santé définit ainsi la santé d'une manière très large comme « *état complet de bien-être physique, mental et social* ». Dans le même ordre d'idées, le serment d'Hippocrate engage le médecin à n'agir que pour le bien du patient : « *Je ferai tout pour soulager les souffrance* » (Serment de l'ordre français des médecins, 1996). Le moyen générique pour obtenir ce soulagement est le diagnostic et le traitement des troubles qui sont la cause de cette souffrance.

On voit donc assez facilement que ces deux rationalités sont différentes, mais surtout qu'elles entrent en conflit d'une manière quasi frontale, en particulier au niveau de leurs finalités : d'un côté, le soulagement d'une souffrance, activité noble – de l'autre, une contrainte nécessairement afflictive en tant que peine. La position professionnelle impliquée par ces deux rationalités est opposée : d'un côté, un juge (ou quelqu'un qui applique un jugement dans le cas des conseillers pénitentiaires d'insertion et de probation dont le propre est l'impartialité), de l'autre, un soignant dont le propre (étymologiquement) est un certain souci de l'autre. Par ailleurs, les figures de la délinquance impliquées par ces deux rationalités présentent le contraste le plus fort : du côté du soin, des figures de la vulnérabilité et de la faiblesse – du côté du pénal, des figures de la puissance transgressive. Il faut insister sur l'aspect déterminant de ces rationalités (loin d'être abstraites ou « seulement » théoriques) comme cadre de pensée plus ou moins conscient. Cette manière de pensée détermine les formes de compréhension du délit et de la peine, du crime et de la réaction sociale. En particulier, il détermine, d'une part, les manières d'évaluer l'auteur et les contraintes qu'on lui inflige, d'autre part, la légitimité que l'on se donne comme acteur de la chaîne pénale. Autrement dit, si l'on agit selon une rationalité pénale ou une rationalité sanitaire, on n'a ni la même compréhension du phénomène sur lequel on agit, ni les mêmes justifications de cette action. Ceci met en question le processus de fond d'une « pathologisation » de la délinquance qui permet de légitimer la répression pénale tout en entrant en contradiction avec la conception rétributive classique qui exclut l'irresponsabilité, l'absence de faute, du malade.

C'est pourquoi, si l'on peut penser que la succession, l'articulation, voire l'intrication entre ces deux rationalités peut être source de richesse et d'efficacité, il faut surtout s'attendre à ce qu'elle soit source de multiples conflits, tensions, confusions, incompréhensions. En tout cas, leurs contacts croissant ouvre un champ de complexité où l'on sait que les professionnels et les condamnés surnagent avec difficulté. Or, on voudrait montrer ici que le développement de ce complexe « santé-justice », « juridico-médical » comme le diagnostique déjà Foucault au milieu des années 1970, implique en fait deux problèmes différents qui sont pourtant très largement confondus. Le *premier problème* concerne la place du traitement sanitaire dans la peine, à la fois dans les lieux de privations ou de restrictions de liberté et pendant le temps du mandat judiciaire pénal, en particulier dans les mesures de probation. Le *second problème* concerne la reconfiguration de la peine comme un traitement, de la peine comprise en elle-même comme un traitement de type sanitaire. Or, il se trouve que le premier problème occulte très largement le second, pourtant beaucoup plus important, pour les professionnels, mais aussi pour les citoyens.

Le traitement dans la peine :

Selon cette formulation du problème, on part de l'existence de deux champs professionnels bien distincts, identifiés et autonomes (théoriquement, institutionnellement, pratiquement), avec chacun ses propres exigences légales et politiques, conceptuelles et méthodologiques, morales et déontologiques. Nous aurions deux sphères (le pénal, le sanitaire) bien délimitées, étanches, homogènes qui entreraient en contact à l'occasion d'une mesure pénale et dont il s'agirait simplement de définir les modalités d'interactions. Il faudrait ainsi élaborer comme un échangeur interdisciplinaire ou interprofessionnel entre les deux champs qui permettrait de les faire fonctionner harmonieusement et efficacement. De fait, on tente de « régler » les problèmes de collaboration d'au moins trois manières :

1. Par des efforts d'*étanchéité* plus ou moins institutionnalisés : l'autonomie de la médecine pénitentiaire ou la défense du secret médical, d'un côté, de l'autre, des efforts explicites pour « exclure » la dimension thérapeutique de la prise en charge pénitentiaire. Ainsi, en ce qui concerne la prise en charge collective dans les programmes de prévention de la récidive (PPR) :

« *L'encadrement du SPIP veillera à distinguer les PPR des groupes de parole thérapeutiques* »[4].

2. Par des efforts de *répartition* des prérogatives et des tâches dans une recherche de synergie. Ainsi, un guide de collaboration entre les professionnels sanitaires et judiciaires autour des « soins obligés en addictologie » est construit comme une série d'articulations, de raccords entre les deux champs. D'un côté, le cadre de l'intervention des CSAPA (Centre de soins d'accompagnement et de prévention en addictologie) doit reposer sur une mission dont l'esprit est de « *contribuer à l'amélioration de la qualité de vie des personnes dans leur environnement* ». En ce qui concerne les soins obligés, il s'agit de déterminer le rôle respectif des CSAPA et des SPIP pour assurer une collaboration harmonieuse, aussi bien au niveau des enjeux, des préalables, des modalités d'action et des outils. Avec la préconisation générale : « *Rechercher la concordance des objectifs de sécurité publique et de santé sans confondre les interventions sanitaires, sociales ou répressives. Chaque secteur doit garder son indépendance afin de conserver une lisibilité et une efficacité* »[5].

3. Par des efforts de *« traduction »* des « langages » propres aux deux champs – traduction des différents concepts mais aussi des différentes exigences réglementaires, déontologiques etc. Cela peut prendre la forme d'efforts au niveau des services pour faire échanger les différents professionnels, par exemple des psychologues intervenant dans le SPIP et l'équipe de CPIP, afin de trouver un terrain commun.

D'emblée, il est évident que ces trois modalités de relation ne sont pas nécessairement cohérentes : *séparation, répartition, réunion.* De plus, même à ce niveau pourtant simple de coexistence des deux rationalités pénale et sanitaire, le problème est en fait plus complexe. Premièrement, ces champs qu'il faudrait articuler sont loin d'être homogènes en eux-mêmes. Si l'on prend simplement l'exemple de la diversité des approches psychiatriques et psychologiques, l'on voit qu'il ne s'agit pas seulement d'articuler deux champs, de « traduire » une « langue » dans une autre, mais de trouver le « langage » commun d'une tour de Babel avec... une autre tour de Babel parce que le champ pénitentiaire n'est pas non plus homogène – sur le fond, parce qu'il repose sur une rationalité pénale particulièrement éclectique et, d'une manière plus superficielle, du fait de la diversité des approches des différents professionnels, en particulier des CPIP.

---

4. V. *Référentiel Programme de prévention de la récidive*, Paris, Direction de l'administration pénitentiaire, mai 2010, p. 16.

5. V. *Guide santé justice. Les soins obligés en addictologie*, Paris, Anitea/F3A, novembre 2009, p. 21

Deuxièmement, les CPIP sont en fait obligés de passer par un prisme sanitaire pour faire le lien entre les personnes suivis et leurs partenaires sanitaires. Ils doivent opérer des « pré-diagnostics » pour orienter les personnes d'une manière adéquate, ils doivent travailler la question de l'adhésion aux soins et leur mission de « prévention de la récidive » les rend de plus en plus attentifs aux rapports (souvent confus) entre trouble mental et « dangerosité ». Inversement, les acteurs sanitaires sont amenés à intégrer un prisme pénal, par exemple en participant au contrôle de l'effectivité de la peine, ce qui est évident dans le cas du médecin relais d'une injonction thérapeutique.

Troisièmement, il y a des choses qui ne peuvent pas être « traduites », qui ne trouvent pas leur équivalent dans l'autre champ, ou qui ne sont pas négociables dans la collaboration. Ainsi, du côté pénitentiaire : la sécurité carcérale, la contrainte et la temporalité pénale (la peine ne s'arrête pas quand une personne est « guérie ») – côté sanitaire : la finalité du soin, la déontologie professionnelle, dont le fameux secret médical, point d'opposition permanent entre les deux champs.

Il est donc facile de percevoir que l'articulation « Santé-Justice » dans l'application des peines de milieu ouvert est complexe et potentiellement conflictuelle, mais on en reste pourtant encore seulement à un aspect binaire de la question – la collaboration de deux champs distincts – alors que le problème qui se pose quotidiennement aux professionnels, en particulier aux CPIP, est en fait d'une toute autre nature.

La peine comme traitement

Ce niveau du problème pose d'autres questions, beaucoup plus importantes et intéressantes. Plus intéressantes parce qu'elles sont plus difficiles à repérer et peuvent donc produire des effets de distorsions plus néfastes. Plus importantes aussi parce qu'elles mettent en question les soubassements des pratiques pénitentiaires en termes de rationalité et de légitimité. La question ici n'est donc plus du tout la zone de connexion, d'articulation entre deux champs distincts qui posséderaient chacun leur propre assise en termes de rationalité, c'est-à-dire leur propre articulation entre des finalités et des moyens pour les atteindre. Il s'agit d'une superposition, plus encore d'une hybridation, dans laquelle les rationalités pénales et sanitaires sont mobilisées en même temps, dans un seul mouvement, selon une rationalité qui serait homogène et non problématique. L'idée centrale étant que la déviance criminelle peut être pensée, à la fois, comme une transgression légale et comme un trouble (qu'il soit somatique, psychique, comportemental, social) qui demande un traitement de type sanitaire, c'est-à-dire un soin, soin qui ne peut être légitimé que par une décision pénale.

Rappelons pourtant qu'à l'origine de la rationalité pénale moderne, en tout cas du modèle pénal français si l'on considère le moment fondateur du code de 1810, il y a un geste clair de séparation stricte entre ce qui doit revenir au pénal et ce qui revient au médical. Les notions de punissabilité, de responsabilité ou d'irresponsabilité doivent permettre de réserver la réaction juridique et politique de la peine aux citoyens responsables de leur transgression en excluant les malades irresponsables qui ne doivent pas être punis mais traités et, si possible, guéris. Bien sûr, nous savons également, qu'avant même la constitution des codes modernes, deux grandes options de philosophie pénale s'affrontent déjà : d'un côté, une option juridico-morale basée sur la rétribution d'une faute passée de l'autre côté, une option utilitariste basée sur la prévention d'un danger futur. La dialectique entre ces deux options a forgé la rationalité pénale moderne, nous sommes loin d'en être sortis.

Dès lors, la notion d'une peine pensée par analogie avec un traitement médical traverse le XIXe siècle jusqu'à nous. C'est l'idée d'une peine qui doit transformer le condamné d'une manière positive en se basant sur un savoir de type scientifique. Seulement, dans cette trajectoire, il est déjà possible de repérer les ambiguïtés de la référence sanitaire dans le pénal. Ainsi, pour Charles Lucas, la peine de prison doit être pensée comme un « *traitement pénitentiaire* ». Or, il s'agit là d'une utilisation métaphorique du vocabulaire médical et pas du tout d'une médicalisation de la peine. La rationalité qui guide cette notion de traitement n'est pas médicale au sens moderne, mais religieuse. La santé que la peine doit essayer d'améliorer concerne l'âme du condamné par la recherche de son amendement comme conversion spirituel vers le bien. Pour Lucas, le traitement pénitentiaire est essentiellement basé sur le système d'isolement de nuit et de travail en commun dans le silence le jour. Comme le dit explicitement Lucas, la réforme pénitentiaire n'a pas besoin de regarder ailleurs (par exemple dans le développement de la médecine ou des sciences humaines) pour trouver son modèle. Son modèle existe déjà, depuis longtemps, c'est le système pénitentiaire catholique : « *la grande idée de la conversion du péché, appliquée à celle du crime, par la discipline du repentir* »[6]. Il ne faut donc pas se laisser abuser par les mots, on peut bien dire que Lucas pense la peine comme une thérapeutique, mais c'est une thérapeutique spirituelle catholique, pas médicale. D'une manière générale, cela doit nous engager à ne pas confondre toutes les utilisations de termes comme diagnostic, trouble, traitement ou même thérapie et soin. Plus encore, cela nous engage à être particulièrement exigeants sur la définition de ce que l'on met derrière ces mots pour éviter les inévitables glissements de sens entre différents registres.

6. V. C. Lucas, *Exposé de l'état de la question pénitentiaire en Europe et aux Etats-Unis*, Paris, 1844, p. 9.

De la même manière, on pourrait penser qu'avec l'avènement de la criminologie, c'est-à-dire d'une analyse des causes et du traitement du crime à prétention scientifique, l'idée de traitement pénitentiaire se concrétise. Effectivement, l'analogie entre la peine et le soin est très explicite chez les utilitaristes positivistes. La souffrance causée par la peine est conçue comme un mal nécessaire permettant d'éviter le mal plus grand de la dangerosité et du passage à l'acte, à l'image de la souffrance impliquée par tout traitement visant à guérir un patient. Mais, comme le montre Alvaro Pirès cette analogie est spécieuse. Le médecin n'utilise des traitements douloureux, par exemple une intervention chirurgicale, qu'en dernière instance et, surtout, la réussite du traitement ne dépend pas du mal infligé, le mal n'est pas l'opérateur du soin[7]. Par ailleurs, même un précurseur de la défense sociale comme Garofalo s'efforce de distinguer l'anormal criminel de l'anormal malade mental. La peine (en particulier la peine de mort) ne peut pas être justifiée contre un être souffrant[8]. On voit par là que penser, en même temps, la peine et le soin, la peine comme soin, est en fait un paradoxe permanent qui produit pourtant ses effets dans la politique criminelle et les formes de prise en charge actuelles.

Depuis les années 1970, plusieurs évolutions corrélatives ont pu conduire à évoquer une « *médicalisation de la déviance* »[9]. On en privilégiera trois pour ce qui est de la France :

1. Le développement du *milieu ouvert* qui est chargé par ses promoteurs de porter le projet thérapeutique et réhabilitatif de la peine (pensons ici en particulier aux tenants de la défense sociale nouvelle, comme Marc Ancel). Cela implique plus précisément une mobilisation de l'individu dans sa propre sanction ce qui favorise le développement d'interventions croisées (pénales, éducatives, sociales, sanitaires).

2. Le déplacement des missions de ce milieu ouvert du contrôle des obligations et de l'assistance aux libérés vers la notion de *prévention de la récidive*. Ceci implique la détection de facteurs (physiques, psychologiques, comportementaux) augmentant le risque de passage à l'acte, ainsi que le traitement de ces facteurs pour faire baisser les risques. D'où une forte inspiration méthodologique dans une rationalité épidémiologique de type médical de mesure et de traitement du risque. Ce déplacement est fondamental puis-

---

7. Debuyst C., Digneffe F., Labadie J.-M., Pirès A.P., *Histoire des savoirs sur le crime et la peine. Tome II*, Les Presses de l'Université de Montréal, Les Presses de l'Université d'Ottawa, De Boeck Université, Collection Perspectives criminologiques, 1998, p. 245.

8. *Ibid.*, p. 293.

9. Lhuilier D., Abdellaoui S., Amado S. et al., *Changements et construction des identités professionnelles : Les Travailleurs sociaux pénitentiaires*, Psy form, 2007, p. 3.

qu'il fait passer les services d'une « *prévention de la délinquance* »[10] comprise comme phénomène social qui implique l'ensemble de la société et pas simplement l'infracteur (l'idée étant alors de privilégier la reconstruction du lien social par des politiques transversales et un travail de réinsertion) à une « *prévention de la récidive* »[11] qui individualise le phénomène et fait porter l'essentiel de la responsabilité sur l'individu sommé de travailler sur lui-même pour réduire les risques qu'il incarne.

3. La transformation des *figures de la délinquance*, du sujet transgressif désobéissant volontairement à la loi à l'individu déviant parce qu'handicapé par une série de carences psychologiques et sociales. Pour caricaturer, la figure type du délinquant passe du braqueur de banque au toxicomane puis au délinquant sexuel (aujourd'hui aux différentes formes d'addiction et de violences) qui peuvent être plus facilement considérés comme des « malades ».

De fait, d'autres « cultures » pénales et pénitentiaires ont intégré d'une manière très forte l'assimilation de la réaction pénale à un traitement de type sanitaire. Ainsi, au Canada, la notion de peine thérapeutique ou de thérapie pénale s'est banalisée au cours des années 1990. Le système est alors largement passé d'un modèle réhabilitatif, basé sur l'intervention sociale et communautaire, à un modèle thérapeutique cherchant à modifier le comportement des délinquants dans un sens pro-social. Ceci en insistant sur les déterminants psychologiques (« les aptitudes cognitives ») et comportementaux, en particulier à l'aide d'une série de programmes assez standardisés inspirés des « thérapies cognitivo-comportementales ». On trouve une formulation de cette approche dans le modèle RBR (pour risques, besoins, réceptivité) conçu par Andrews et Bonta, et qui inspire de nombreux programmes dans le monde[12].

Cette évolution n'est pas sans soulever d'intenses débats au Canada même. Canada qui, contrairement à ce que l'on entend souvent, est loin de posséder une rationalité pénale unique et une « criminologie scientifique » homogène (la criminologie canadienne est, comme partout ailleurs, un champ de bataille). Ces critiques portent sur la technicisation des pratiques due à la standardisation des programmes (vécue comme un appauvrissement

---

10. C'est encore ainsi qu'est présentée l'action de probation en 1993, cf. *Justice et milieu ouvert, les comités de probation et d'assistance aux libérés*, plaquette du Ministère de la Justice, 1993.

11. Circulaire du 19 mars 2008 relative aux missions et aux méthodes d'intervention des SPIP.

12. Sur ce sujet voir, par exemple : Bonta J., Andrews A., *Modèle d'évaluation et de réadaptation des délinquants fondé sur les principes du risque, des besoins et de la réceptivité*, Rapport pour spécialistes n° 2007-06, Ottawa, Sécurité Publique Canada, 2007.

par les agents le libération conditionnelle)[13]– sur l'éclatement de la prise en charge et de la personne suivie[14] – mais aussi sur la validité des prétentions scientifiques des évaluations et des traitements[15], ou encore sur l'efficacité du système qui reste partiel du fait du coût trop élevé de sa réalisation idéale[16]. Pour autant, on peut remarquer que le débat ne porte pas véritablement sur le problème spécifique des aspects sanitaires des mesures pénales. Là aussi, cet aspect reste largement un impensé, peut-être du fait de la banalisation de cette superposition.

Pour ce qui est de la situation française, les choses restent beaucoup plus confuses. D'un côté, il y a le maintien « officiel » d'une certaine pureté ou cohérence de l'action des SPIP qui resterait centrée sur le triptyque de base : une action socio-éducative sous mandat pénal[17]. De l'autre, il y a le développement plus ou moins explicite (finalement plutôt implicite) d'exigences de gestion des risques qui passe par une capacité à diagnostiquer, avec le diagnostic à visée criminologique (DAVC), et à traiter ces risques, avec les programmes de prévention de la récidive, le tout dans une relation très ambiguë avec le champ sanitaire. Ainsi, d'un côté, le référentiel des PPR fait explicitement référence à des notions « *cognitivo-comportementales* » comme celles de « *stratégies d'évitement* » ou le fait « *d'acquérir des connaissances* » pour corriger les « *écarts existants entre leurs pensées et la réalité* » afin de « *changer de comportement* », c'est-à-dire éviter la récidive. Les PPR mobilisent donc assez clairement un registre proche des thérapies cognitivo-comportementales. Mais, d'un autre côté, le même référentiel affirme à plusieurs reprises qu'il ne s'agit surtout pas d'une action thérapeutique.

D'une manière générale, les ambiguïtés produites par l'entrelacement de ces différentes logiques : pénale et sanitaire (mais aussi éducative, sociale, criminologique) vont se traduire dans les discours des professionnels par une double difficulté. Une première difficulté relative à ce qu'ils ont à *évaluer*

13. Vacheret M., « Scientificité, technicisation et mécanisation, la déresponsabilisation des agents pénaux », dans *Actes du colloque : Le pénal aujourd'hui : pérennité ou mutations*, Centre international de criminologie comparée, 2008. Source Internet : http://www.erudit.org/livre/penal/2008/index.htm (consultée le 12 juillet 2010).

14. V. B. Quirion, « Traiter les délinquants ou contrôler les conduites : le dispositif thérapeutique à l'ère de la nouvelle pénologie », *Criminologie*, vol. 39, n°2, 2006, pp. 137-164.

15. Pour une critique anglaise voir Hart S., Michie C., Cooke D., « Precision of actuarial risk assessment instruments. Evaluating the « margins of error » of group v. individual predictions of violences », *British Journal of Psychiatry*, Vol. 190, Issue 49, 2007, p. 60-65.

16. V. F.Cortoni, D. Lafortune, « Le traitement correctionnel fondé sur des données probantes : une rescension. », *Criminologie*, vol. 42, n°1, 2009, pp. 61-90.

17. C'est encore le cas dans l'importante circulaire de 2008, malgré la mission de « prévention de la récidive » et les références à la « criminologie ». Ces orientations sont par ailleurs rappelées par le jury de la Conférence de consensus sur la prévention de la récidive dans son rapport du 20 février 2013.

dans le suivi : un mauvais rapport à la loi, des difficultés sociales relationnelles, des pathologies somatiques ou psychiques, des risques de récidive ? Tout cela à la fois ? Même difficulté quant à la nature du *changement* que le suivi doit induire : accepter la peine, suivre des obligations, réfléchir sur soi, avoir un logement ou un travail, se soigner, normaliser son comportement ? Une deuxième difficulté au niveau de la *légitimité* de leur action : tiraillée entre le mandat pénal, la responsabilisation éducative, la réinsertion sociale, le traitement des troubles, la gestion efficace des risques et la légitimation (sanitaire ou humaniste) de l'amélioration de la qualité de vie des personnes suivies.

D'où des séries de glissements et de tensions dans la pratique dont témoigne le discours des professionnels. Pour exemple, premier cas, le glissement clinique « quasi thérapeutique » de l'entretien qui met en difficulté les CPIP : « *Il y a eu un SSJ ou quasi-systématiquement, à chaque entretien mensuel, on passait entre une heure et deux heures d'entretien, donc c'est absolument pas la norme de ce qu'on fait.* [...] *Je me suis sentie, oui, vidée après. C'était après ce type d'entretien d'une heure et demie où il y a énormément de choses qui sont dites et pas forcément de manière organisée, donc ça suppose de faire une gymnastique d'esprit, de réagir à quelque chose qui a été dit.* [...] *« Moi, je note là, c'est important ce que vous venez de dire » et je leur fais comprendre que je tiens à le noter précisément et je fais répéter ou je le relis.* [...] *Je faisais quasiment des chapitres à dire « on a parlé de ça, on a parlé de ça, qu'est-ce qu'il faudrait reprendre la fois d'après, parce que ça, ça n'a pas été assez creusé » alors qu'il y avait des éléments intéressants. Là, pour le coup, il aurait fallu enregistrer cet entretien pour être sûr de pas louper en fait dans la reprise des notes, des éléments. Y avait des termes qu'il employait qui étaient assez étonnants et on peut pas, oui, rebondir sur tout, on peut pas...* » (Extrait d'entretien, CPIP)[18]

Deuxième cas, la difficulté à saisir le sens d'une pratique qui se refuse à être thérapeutique tout en en intégrant les méthodes et la finalité, d'où une perte de repères qui génère un certain pessimisme sur le métier : « *Enfin moi, j'en reviens toujours pas, d'animer des groupes de parole sur des délinquants sexuels* [...]. *C'est juste hallucinant et qu'on puisse nous dire que ce n'est pas thérapeutique, qu'il ne faut pas que ça soit thérapeutique, ça n'a rien à voir avec le soin... Je vois pas trop en fait la finalité. Si ce n'est, en effet de la gestion de* [flux]. » (CPIP)

Troisième cas, une difficulté à se donner une représentation stabilisée de ce qui légitime la pratique. En particulier autour des compétences à mobiliser, et des risques « d'incompétences » qui peuvent être néfastes pour la per-

---

18. Les extraits d'entretiens sont issus de la recherche citée sur *Les rationalités de la probation française*.

sonne suivie : « *Enfin, nous, on est friand, on attend des outils, des vraies méthodes, je sais pas si ça existe... Mais parce qu'après, justement, nous on essaie d'amener les gens à une certaine adhésion ou à une reconnaissance d'une pathologie ou d'une addiction ou d'une...mais une fois qu'on a ouvert cette porte-là, qu'est-ce qu'on en fait ? Donc, moi, je suis pas psychologue, je suis pas psychiatre, je suis pas médecin, donc, à un moment donné, il faut pas jouer avec les gens non plus.* » (CPIP)

Conclusion

Pour résumer, il est possible de comprendre l'intrication croissante entre les problématiques pénale et sanitaire selon l'exemple du traitement des addictions (la succession présentée ici est plus méthodologique que réelle, ou historique). Dans un premier temps, il s'agit de penser le traitement des addictions pendant la peine selon une sorte de « devoir » sanitaire, de santé publique. Dans ce cas, les deux domaines sont totalement distincts et la difficulté pour le sanitaire est de trouver sa place dans le pénitentiaire. Dans un deuxième temps, les addictions sont conçues comme des « causes » de la délinquance. En particulier sous la forme de « facteurs de risques » de la récidive. Dans ce cas leur traitement entrecroise d'une manière déjà périlleuse un devoir de sécurité publique et un devoir de santé publique. Enfin, dans un dernier temps, l'addiction devient un modèle général de compréhension du comportement délinquant. L'infraction (registre juridique) est comprise comme un comportement addictif (registre médical). La notion de désistance (comme processus de sortie de la délinquance) semble témoigner parfaitement de cette intrication où il devient impossible de retrouver des modèles purs de compréhension du phénomène criminel et de légitimation de la réaction sociale au crime[19]. Il est en particulier symptomatique que la désistance mobilise des notions comme le déni, les distorsions cognitives, le processus d'abstinence, les résistances, les rechutes etc. Les différentes rationalités de la peine sont ici passées au *shaker*, mais cela élimine-t-il pour autant leurs contradictions ?

En fait, tout se passe comme si le véritable problème (à la fois théorique, politique et moral) qui est cette médicalisation du pénal, la production d'une confusion entre la peine et le soin, était finalement masqué par le problème secondaire et, surtout, largement dépassé, de la collaboration entre la sphère pénale et la sphère sanitaire. Ce à quoi les professionnels (et les personnes

19. Sur la notion de désistance voir, en particulier : Maruna S. et Roy K., « Amputation or reconstruction ? Notes on the concept of « knifing off » and desistance from crime. », *Journal of contemporary criminal Justice*, vol. 22, n°2, 2006, pp. 1-21 ou Farral S. et McNeill F., « Desistance research and criminal justice social work », dans Herzog-Evans (dir.), *Transnational Criminology Manual, Volume III*, Wolf Legal Publishers, 2010, pp. 203-221.

suivies) se confrontent ce n'est pas seulement à la contradiction entre deux bulles, mais au feuilleté de rationalités divergentes avec lequel ils doivent travailler et dans lequel ils sont pris. Plus encore, la focalisation sur ces faibles enjeux inter-institutionnels et inter-professionnels contribue à maintenir la fiction d'une rationalité pénale pure qui ferait face au champ sanitaire alors qu'il s'agit de penser les effets de pouvoir spécifiques d'une rationalité pénale éclectique, parfois contradictoire et souvent paradoxale. Ces effets de pouvoir, il faut précisément les chercher dans cette capacité à légitimer le droit de punir selon des rationalités qui s'excluent logiquement les unes les autres. Dès lors, il n'est plus possible de percevoir clairement les limites qu'il faut assigner à la punition puisqu'elle peut prendre, simultanément ou successivement, toutes les figures de légitimation possibles.

6

La santé mentale en milieu carcéral

par Jean-Louis Senon

Dans notre pays, c'est l'hôpital public qui assure les soins médicaux et psychiatriques dans les établissements pénitentiaires depuis la loi du 18 janvier 1994. Dans cette réforme importante, que nombre de pays nous envient, la psychiatrie a fait figure de précurseur pour ce qui concerne l'intervention sanitaire de l'hôpital dans la prison. Après la circulaire du 30 juillet 1967 créant les CMPR, le travail de pionnier de P. Hivert, de J. Merot ou encore celui de J. Laurans aura été déterminant pour la création du secteur de psychiatrie en milieu pénitentiaire (SPMP) par le décret du 14 mars 1986 qui prévoit que *« dans chaque région pénitentiaire sont créés un ou plusieurs secteurs de psychiatrie en milieu pénitentiaire, rattachés pour chacun à un établissement de santé. Chacun de ces secteurs comporte notamment un service médicopsychologique régional (SMPR) aménagé dans un établissement pénitentiaire et qui peut en outre, par convention avec le représentant de l'État, assurer une mission de lutte contre l'alcoolisme et les toxicomanies »*. C'est sur la base de l'expérience des SMPR que le rapport Chodorge du Haut comité de la santé publique *« Santé en milieu carcéral, rapport sur l'amélioration de la prise en charge sanitaires des détenus »* constatait en 1993 que *« le dispositif sanitaire n'est pas à la hauteur des exigences précédemment évoquées malgré les avancées notables intervenues depuis plusieurs années. L'absence de savoir-faire et de légitimité de l'administration pénitentiaire à concevoir des politiques de santé et assurer un repérage systématique des besoins des détenus en la matière, le recours à des personnels sanitaires de statut très disparate, la précarité des modes de rémunération nuisent à la capacité des services médicaux des établissements pénitentiaires à assurer convenablement la continuité des soins et à définir un véritable projet de service dans l'établissement »*. Les auteurs du rapport soulignaient *« qu'il est indispensable que les personnes incarcérées puissent bénéficier dans leur ensemble d'un accès aux soins de qualité identique à celui qui est offert à la population générale »*. Le rapport Chodorge proposait une affiliation des détenus au régime général de l'assurance-maladie et incitait à confier la santé dans la prison aux hôpitaux de proximité. La loi du 18 janvier 1994 a mis en place ces propositions en transférant au ministère de la Santé la prise en charge sanitaire des personnes détenues avec des soins assurés par les hôpitaux. La loi prévoit aussi l'affiliation des détenus au régime général de l'assurance-maladie.

Après avoir souligné que la forte prévalence des détenus présentant des troubles mentaux est une donnée historique remontant au fondement même de la clinique, nous présenterons le dispositif actuel de soins psychiatriques proposés par l'hôpital aux établissements pénitentiaires avant d'en poser les limites pratiques, éthiques et déontologiques.

La forte prévalence de troubles mentaux dans la prison : un problème posé depuis la création de la clinique psychiatrique

On fait classiquement remonter la création de la clinique psychiatrique au « *Traité médico-philosophique sur l'aliénation mentale* » publié par Pinel en 1801. Il s'agissait à l'époque d'établir une clinique qui permette d'identifier le malade parmi tous ceux qui vivaient au ban de la société et notamment parmi les auteurs d'infractions, qu'ils soient ou non condamnés. La clinique se constituait afin de reconnaître le malade pour lui donner des soins, d'autant que le code pénal de 1810 établira les conditions de l'irresponsabilité pénale pour troubles mentaux, en précisant dans son article 64 qu'il n'y a ni crime ni délit quand l'auteur est en état de démence au moment des faits. Soigner sera possible dans les suites du non lieu pour l'irresponsabilité pénale grâce à la loi du 30 juin 1838 qui établira les modalités du placement d'office réalisé à l'asile d'aliénés qu'Esquirol contribuera à développer dans chaque département. Quelques années après, des élèves de Pinel et d'Esquirol s'inquiéteront de la fréquence particulière des détenus présentant des troubles mentaux dans les établissements pénitentiaires : Baillarger fait une première publication en 1844 et, la même année, Lélut fait les premiers comparatifs internationaux et étudie l'influence de l'emprisonnement sur la santé mentale des détenus. Baillarger, dès 1844, soulignait avec force: *« Les cas d'aliénation dans les prisons sont quatre, cinq ou même six fois plus nombreux, toutes choses égales, que dans la population libre »*.[1]

Pour expliquer ce phénomène préoccupant, il fait, en 1844, les mêmes analyses que celles retrouvées dans les travaux contemporains : *« parmi eux*

1. V. M. Baillarger, Notes sur les causes de la fréquence de la folie chez les prisonniers, *Annales médicopsychologiques*, 1844 n° 04 74-80.

il y a des aliénés dont la folie, méconnue avant et après le jugement, n'est constatée qu'à l'entrée dans le pénitencier, par suite de l'examen médical auquel le malade est alors soumis... À mesure qu'on élève de nouveaux établissements, on voit le nombre des malades s'accroître. Ce qu'il faut en conclure, ce n'est pas que la folie devient plus fréquente, mais bien, comme le prouve Esquirol, que beaucoup d'aliénés restaient libres... Il y a parmi les prisonniers un certain nombre d'individus doués d'une organisation spéciale qui constitue, presque à elle seule, un commencement de maladie... les prisonniers, soit avant, soit après le jugement, sont soumis à beaucoup de causes occasionnelles propres à provoquer l'aliénation mentale ».

Dès 1844, Baillarger retrouve ainsi parmi les détenus malades mentaux, ceux qui ont été méconnus au moment du jugement, mais aussi des psychopathes auteurs de crimes, et identifie aussi ceux que l'on diagnostiquera plus tard comme atteints de psychoses réactionnelles ou psychoses carcérales, en soulignant l'influence pathogène de la prison sur l'évolution psychique du détenu. Lélut, en 1844, conclut son rapport sur « la raison des détenus »[2] : « *ils résultent des tristes rapports qu'il y a entre le vice, le crime et la folie, que les prisons contiendront toujours un nombre beaucoup plus considérable d'aliénés que n'en contient la population honnête et libre. Le chiffre des aliénés des prisons pourra être quatre, cinq, six fois plus élevé que celui des aliénés dans cette population. Ce chiffre est encore à déterminer* ».

Dans une étude récente pratiquée à l'instigation de la Direction générale de la santé et de la Direction de l'administration pénitentiaire, coordonnée par F. Rouillon et B. Falissard, les schizophrènes incarcérés représentaient entre 3,8 et 7% de la population pénale selon la méthode d'analyse, auxquels il faut ajouter la même prévalence pour les psychoses paranoïaques, non prises en compte dans les études anglo-saxonnes[3].

Cette étude alarmante était, en 2008, sensiblement confirmée par les rapports de secteurs de psychiatrie intervenant en milieu pénitentiaire. Ils avaient retrouvé 11% de psychoses chroniques à la maison d'arrêt d'Angers, 12% au centre pénitentiaire de Châteauroux, 6% au centre pénitentiaire de Clairvaux, 5,8% au centre pénitentiaire de Nantes, 7% au centre de détention de Saint Mihel et 5% à la maison d'arrêt de Troyes[4].

---

2. Lélut, Rapport sur la raison des détenus, *Annales médicopsychologiques* 1844 n° 04 65-73.

3. V. F. Rouillon, Quelles sont les données actuelles sur les troubles mentaux dans les établissements pénitentiaires français ? *Rapport d'expert Audition publique sur l'expertise psychiatrique pénale*, HAS, 2007 ; B. Falissard, J.Y. Loze and al, Prevalence of mental disorders in French prison for men, *BMC Psychiatry*, 2006, 6 :33.

4. V. J. L. Senon, Réflexion sur les fondements du débat et des critiques actuels sur l'expertise psychiatrique pénale, *Annales médicopsychologiques* 164 (2006) 818–827.

Rappelons que la méta-analyse de Fazel et Danesh publiée en 2002[5] retrouvait dans les études internationales 4% de psychotiques dans les structures de détention et que Gallet et al. retrouvaient, en 2000, 3,5% de psychoses chroniques en maison d'arrêt et 4,6% en centre de détention ; Dauver et al en 2001 4,75% de psychoses chroniques et en Suisse sur le Canton de Vaux, Gravier relevait 3,15% de psychoses chroniques (Tabl 1).

Pathologies psychiatriques	Études internationales	Études françaises						
	Fazel Danesh Méta-analyse	Roesch	Teplin	Motiuk	Gravier 1999	Gallet 2000	Dauver 2001	DGS-DAP 2004 (Mini)
Psychoses chroniques	4	5	4	3	3,15	3,5 (MA) 4,6 (CD)	4,75	3,8 à 7% (schizophrénies)
Dépression	12	10	14	/	3,5	/	/	18
Personnalité antisociale	20	64	47	57	11	/	15,5	30

Tableau 1 : Données épidémiologiques comparatives sur les pathologies psychiatriques en détention (% population pénale) [6]

Application à la psychiatrie de la loi du 18 janvier 1994

La loi de 18 janvier 1994 relative à la santé publique et la protection sociale a confié au service public hospitalier la charge d'assurer la prise en charge sanitaire des détenus avec trois principes fondamentaux :

- la mise en place dans chaque établissement pénitentiaire d'une unité de consultations et de soins ambulatoires (UCSA), unité hospitalière rattachée à un établissement de santé hospitalier de référence ;
- l'affiliation obligatoire des détenus au régime général de l'assurance-maladie ;
- le versement par le ministère de la Justice des cotisations sociales des personnes détenues.

5. V. S. Fazel, J. Danesh, Serious mental disorder in 23.000 prisoners : a systematic review of 62 surveys, *The Lancet*, 2002, 359, 545-550.

6. V. J. L. Senon, *op. cit.*

La circulaire interministérielle du ministère des affaires sociales et de la santé, et du ministère de la Justice datée du 30 octobre 2012 donne les bases d'un nouveau guide méthodologique pour les soins en milieu pénitentiaire.

Cette circulaire prévoit trois niveaux de soins somatiques ou psychiatriques :
- le niveau 1 comporte les consultations et activités ambulatoires ;
- le niveau 2 est constitué des prises en charge à temps partiel ;
- le niveau 3 est celui de l'hospitalisation à temps complet.

L'intervention psychiatrique dans les établissements pénitentiaires de notre pays est assurée soit par les secteurs de psychiatrie sur lesquels l'établissement pénitentiaire est implanté (on parle de DSP : dispositif de soins psychiatriques), soit par les 26 SMPR, pour la plupart au nombre de deux par région pénitentiaire. Les équipes pluridisciplinaires contribuent à la mise en place des trois niveaux de soins précisés par la circulaire du 30 octobre 2012 :
- Les **soins de niveau 1** concernent les UCSA et les SMPR pour les actes de consultation, les prises en charge individuelles et de groupes, ainsi que les activités thérapeutiques, quand elles sont dispensées par une équipe de secteur psychiatrique pluridisciplinaire comportant psychiatres, psychologues, infirmiers psychiatriques et psychomotriciens. Les équipes de secteurs du DSP, comme les SMPR ont comme objectif de donner à la population pénale les mêmes soins qu'à la population générale. Quand cela est possible pour l'équipe psychiatrique, l'équipe de secteur en milieu pénitentiaire contribue à l'accueil des détenus pour dépister le plus tôt possible les troubles mentaux et permettre au détenu d'identifier les soignants. L'intervention du secteur de psychiatrie a aussi comme objectif d'assurer la continuité des soins pour les détenus bénéficiant, avant leur incarcération, d'une prise en charge psychiatrique. De la même façon, quand un détenu a bénéficié d'un suivi psychiatrique pendant la détention, ces soins sont relayés, après la levée d'écrou, auprès du secteur de psychiatrie dont relève le détenu en fonction de son domicile. La circulaire du 30 octobre 2012 prévoit que les secteurs de psychiatrie ont aussi une mission de prévention et d'éducation pour la santé.
- Le **niveau 2** organise la prise en charge à temps partiel ainsi que les alternatives à l'hospitalisation complète en psychiatrie. L'hospitalisation de jour est réalisée en milieu pénitentiaire au sein des unités sanitaires et la circulaire prévoit que chaque région dispose au moins d'une unité sanitaire de niveau 2 avec des cellules d'hébergement dédiées aux patients-détenus. Les places en SMPR contribuent à ce dispositif et il est prévu, en complément, une place en cellule d'hébergement d'hôpital de jour pour 100 places de détention. Les admissions en SMPR, dans l'unité de jour, sont décidées par le médecin psychiatre et prononcées par le directeur de l'établissement de santé. Les SMPR ne peuvent accueillir que des détenus consentants, qui ne relèvent pas de l'application de la loi du 5 juillet 2011. Les 26 SMPR proposent en l'état actuel des soins psychiatriques de niveau 1 et de niveau

2. Ils assurent aussi une mission de coordination régionale des dispositifs de soins psychiatriques implantés dans les établissements pénitentiaires de leur ressort.

- Le **niveau 3** des soins psychiatriques se fait autour des prises en charge hospitalières à temps complet. Les hospitalisations de détenus présentant des troubles mentaux peuvent se faire selon trois modalités :

- par admission dans une unité hospitalière spécialement aménagée (UHSA) : celles-ci ont été créées par la loi 2002-1138 du 9 septembre 2002. 17 unités ont été prévues comportant 705 places. Une première tranche de neuf unités est en cours d'implantation avec 440 places. Elle concerne les UHSA de Lyon, Nancy, Toulouse, Orléans, Lille, Paris, Rennes, Marseille et Cadillac. Cette première tranche comporte neuf unités de 60 places et 5 unités de 40 places. Les UHSA sont des structures hospitalières, implantées au sein d'un établissement de santé, bénéficiant d'une sécurisation périmétrique par les équipes de l'administration pénitentiaire. L'hospitalisation se fait à temps plein avec ou sans consentement. Quand il s'agit d'une hospitalisation sans consentement elle répond aux conditions de la loi du 5 juillet 2011. L'admission en UHSA se fait uniquement sur décision médicale, comme pour l'admission au SMPR. Les UHSA proposent des soins à temps complet, 24 heures sur 24. Ces unités sont articulées avec les SMPR et peuvent avoir des liens avec les UMD ;
- par admission dans une unité d'un secteur de psychiatrie de l'établissement de santé de proximité, en application de l'article D 398 du Code de procédure pénale, quand il n'existe pas d'UHSA dans la région, ou quand l'UHSA ne peut pas recevoir du fait d'un manque de place disponible ;
- par admission dans une unité pour malades difficiles (UMD) si la clinique le justifie.

La circulaire du 30 octobre 2012 accorde une place importante à la prévention au repérage et à la prise en charge des conduites d'addiction à l'alcool, aux drogues et aux médicaments. Elle prévoit que la prise en charge doit comporter un dépistage et un diagnostic avant de mettre en place un projet de soins comportant le suivi du sevrage, un accompagnement psychologique et la prescription de la substitution. Ce dispositif est mis en place soit par un médecin addictologue qui intervient dans l'établissement pénitentiaire, soit est assurée par l'équipe de liaison et de soins en addictologie (ELSA) de l'hôpital de rattachement ou par un soignant du CSAPA (centre de soins d'accompagnement et de prévention en addictologie).

Élargissement des missions cliniques de base de l'équipe psychiatrique de l'hôpital vers la prise en charge des auteurs de violences

C'est la loi du 17 juin 1998, relative à la prévention et à la répression des infractions sexuelles et à la protection des mineurs, qui a mis en place l'injonction de soins (IS) dans le cadre d'un suivi socio judiciaire (SSJ). C'était, en 1998, pour les équipes psychiatriques de secteur, une mission totalement nouvelle que celle de prendre en charge des auteurs de violences sexuelles ne présentant pas, pour la plupart, de troubles mentaux qu'ils soient de l'ordre de la psychose ou des troubles de l'humeur. De nombreux professionnels des équipes de secteurs mais aussi des professionnels privés se sont formés à cette clinique nouvelle, la clinique du passage à l'acte violent, qui a été notamment développée dans notre pays par Claude Balier, dans le sillage de son premier ouvrage : « Psychanalyse des comportements violents », vite complété par « Psychanalyse des comportements sexuels violents» (PUF, Fil Rouge). La loi du 17 juin 1998 prévoyait des modalités innovantes d'articulation Santé-Justice avec notamment la mise en place du Médecin coordonnateur, interface entre le médecin ou psychologue traitant, et le Juge de l'application des peines.

Ces bases cliniques nouvelles, incitant les soignants à de nouvelles formations, qu'ils soient professionnels travaillant en milieu pénitentiaire ou suivant des auteurs de violences à la sortie de l'établissement pénitentiaire, ont été malheureusement vite dépassées par l'élargissement du champ de l'injonction de soins à tous les auteurs de violences graves, par plusieurs lois successives : la loi du 12 décembre 2005 relative au traitement de la récidive, la loi du 5 mars 2007 relative à la prévention de la délinquance, ainsi que la loi du 10 août 2007 renforçant la lutte contre la récidive des majeurs et des mineurs. Le législateur, en élargissant l'injonction de soins à tous les crimes les plus graves, laisse penser qu'un auteur de crime ne peut être que malade mental, à l'opposé de toutes les données de la littérature internationale qui rappellent que les malades mentaux sont plus souvent victimes qu'auteurs de violences et que pour les homicides un sur dix à un sur cinquante sont perpétués par un malade mental : [7] médicalisation du crime qui fait frémir les professionnels de santé et pourrait les détourner des missions prévus par la loi de 1994. Vouloir « soigner le crime » et confier aux équipes hospitalières ces soins est susceptible d'enliser un dispositif de soins que nombre de pays nous envient. Il est urgent de déterminer les positionnements respectifs des équipes de soins et des SPIP : soigner pour les soignants et prévenir la récidive pour les CPIP.

Les équipes soignantes de l'hôpital sont aussi sur-sollicitées par les obligations de soins et les injonctions thérapeutiques qui se multiplient.

---

7. Haute autorité de santé dangerosité psychiatrique : étude et évaluation des facteurs de risque de violence hétéroagressive chez des personnes ayant des troubles schizophréniques ou des troubles de l'humeur, mars 2011. V. F. Millaud, J. L. Dubreucq, J.L., Senon, Clinique et prédiction de la violence en psychiatrie, *EMC Psychiatrie Elsevier Masson*, 2012, 113 ref

L'obligation de soins est prévue par l'article 132-45 du code pénal ; elle est mise en œuvre sans procédure particulière. L'obligation de soins peut également consister en une « injonction thérapeutique » telle que prévue par les articles L. 3413-1 à L. 3413-4 du Code de la santé publique pour les condamnés faisant usage de stupéfiants ou ayant une consommation habituelle et excessive de boissons alcooliques. La mise en œuvre de l'injonction thérapeutique fait appel à l'intervention d'un médecin habilité en qualité de médecin relais qui fait connaître à l'autorité judiciaire son avis motivé sur l'opportunité médicale de la mesure. Le développement sans mesure des obligations de soins est lui aussi préoccupant et devrait faire l'objet d'une recherche de consensus entre Justice et Santé.

Jusqu'où (ne pas) aller dans les soins apportés par l'hôpital psychiatrique à la population pénale ?

Les missions des équipes psychiatriques de l'hôpital intervenant en milieu pénitentiaire se sont considérablement élargies depuis 1994. On peut les décrire en 5 degrés :

- degré 1 : dépistage, prise en charge, traitement et continuité de soins pour les détenus présentant des troubles mentaux de l'axe 1 du DSM IV : pathologies psychotiques aigues ou chroniques, troubles de l'humeur, troubles anxio-dépressifs…
- degré 2 : dépistage et prise en charge des addictions : pathologies de sevrage, alcoolisme chronique, toxicomanies, mise en place de substitution, relais de prise en charge…
- degré 3 : prise en charge des psychopathologies propres à la détention : troubles de l'adaptation, psychoses réactionnelles brèves, réactions psychotiques durables…
- degré 4 : prise en charge des auteurs de violences sexuelles
- degré 5 : prise en charge des auteurs de violences sévères prévues par les lois de 2005 et 2008 avec une incitation aux soins en détention et injonction de soins ou obligation de soins en dehors de la détention.

- Depuis 1994, les missions des équipes de l'hôpital psychiatrique intervenant dans la prison se sont complexifiées et élargies d'année en année alors que l'hôpital est en crise.

La situation des hôpitaux psychiatriques a changé avec une hétérogénéité de plus en plus grande entre ceux disposant de moyens préservés en personnels soignants (psychiatres, psychologues et infirmiers) et d'autres se désertifiant dans des zones de plus en plus élargies. Sur un nombre croissant d'hôpitaux, le maintien des missions cardinales de l'hôpital public, telles que les soins aux personnes présentant des troubles psychotiques ou de l'humeur, ou encore la prise en charge des suicidants est réalisée avec difficultés à l'hôpital ou sur les CMP. Dans ces conditions, le secteur de psychiatrie ne pourra guère assurer en détention que les degrés 1, 2 et 3 de ses missions.

Que dire aussi de la demande d'intervention dans des centres pénitentiaires implantés dans des zones très à distance des centres urbains, très loin situés des hôpitaux et rassemblant une importante population pénale, le plus souvent sans attaches régionales ou départementales : comment répondre aux besoins psychiatriques, comment articuler les prises en charge ou comment accompagner la recherche d'insertion et la continuité des soins pour des personnes détenues s'installant en milieu rural ou semi-rural ?

Préciser les missions pour ne pas mettre en péril un dispositif de soin assuré par l'hôpital

Tensions et crispations se multiplient depuis ces dernières années et nombre d'équipes de secteurs psychiatriques font part de leur découragement dans l'accomplissement des missions fixées par la loi de 1994. Une législation pénale accumulant les lois modifiant l'exercice des soignants met en péril le dispositif de soins hospitalier dans la prison. La médicalisation du crime ou de tout trouble du comportement amène une confusion entre soigner un malade et accompagner un auteur de violence. De la même façon, prendre en charge un malade en psychothérapie ne devrait pas être confondu avec appliquer auprès d'un auteur de violences un programme de prévention de la récidive. Le travail de soins n'est pas un travail de probation, même s'il y contribue. Pour maintenir un dispositif de soins hospitalier efficace dans la prison, clarifier les missions soignantes et définir le travail de probation est devenu indispensable.

7

L'offre de soins en prison

par Michel Fix

Soigner un(e) détenu(e), c'est se soumettre à une relation particulière dont le principe est « soigner sans juger ». La décision judiciaire qui prive une personne de sa liberté en l'incarcérant ne saurait le priver de tous ses autres droits, reconnus à chacun et, en particulier, l'accès aux soins identiques à ceux d'une personne libre (11 - règle n° 40.5).

Depuis la loi du 18 janvier 1994, les établissements de santé chargés des soins somatiques apportent une réponse d'ensemble aux besoins de santé des personnes détenues sur l'établissement pénitentiaire avec lequel un protocole a été conclu, en application des articles R. 711-7 et suivants du Code de la santé publique. Ce protocole détermine les conditions de fonctionnement de l'unité de consultations et de soins ambulatoires (UCSA) et les obligations respectives de chaque établissement signataire.

L'Observatoire des structures de santé des personnes détenues (OSSD/direction générale de l'organisation des soins) recense 178 UCSA, 26 services médico-psychologiques régionaux (SMPR), 7 unités hospitalières sécurisées interrégionales (UHSI), 3 unités hospitalières spécialement aménagée (UHSA). L'ensemble des professionnels de santé intervenant en milieu pénitentiaire sont quotidiennement confrontés à des pathologies réactionnelles ou réactivées lors de l'enfermement, exacerbées par les mauvaises conditions de vie, d'hygiène individuelle et collective qui perdurent malgré les efforts de l'administration pénitentiaire (réhabilitation de vieux établissements, nouvelles structures) et par des conduites addictives compensatrices.

La personne placée sous main de justice plonge dans la vie carcérale, dans un univers de frustrations allant bien au-delà de la simple privation de liberté, où le temps se réduit à l'attente de repères archaïques (repas, sommeil, promenade, parloirs, etc.), où les liens affectifs s'appauvrissent. Dans cet univers la parole ne permet pas de s'ouvrir à l'autre, de parler de ses états d'âme ou de son « affaire », sans passer pour un faible en s'exposant à la violence ou aux représailles (agresseurs sexuels par exemple). Que reste t-il ? Les cris, la parole informative, se retrouver seul face à sa culpabilité ou, au contraire, dans une révolte affichée contre la sanction. Le langage du corps devient alors l'ultime moyen d'expression (privations d'alimentation, automutilations, tentatives de suicides. Ce sont des signes d'appels parfois de chantage mais qui sont toujours les expressions que l'on s'appartient, envers et contre tout, que l'on reste maître du seul monde maîtrisable : son monde intérieur, ce corps refuge véritable moyen d'expression ou refuge à la violence accumulée. Il faut ainsi comprendre la place que prennent les professionnels médicaux au sein de l'établissement puisqu'ils ne jugent pas, écoutent, soutiennent, apportent les soins psychologiques ou somatiques nécessaires.

Les Unités de consultations et de soins ambulatoires (UCSA)

Les Unités de Consultations et de soins ambulatoires prennent en charge les problèmes somatiques. Il existe une UCSA par établissement pénitentiaire quelle qu'en soit la taille. Le nombre de personnels détachés par les hôpitaux signataires d'un protocole avec un établissement pénitentiaire, dépend de la taille de ce dernier. Par exemple, la Maison d'Arrêt de Fleury-Mérogis, plus grand centre pénitentiaire français, accueille dans ses murs le plus important service de santé, environ 150 personnels détachés par le Centre Hospitalier Sud Francilien (91).

Composé de personnels hospitaliers, l'équipe est placée sous l'autorité médicale d'un praticien hospitalier ou hospitalo-universitaire, chef de pôle et de praticiens responsables de leurs unités fonctionnelles. L'équipe soignante comporte :
- des personnels médicaux : médecins généralistes, spécialistes, chirurgiens dentistes et pharmaciens ;
- des personnels non médicaux : personnels infirmiers, préparateurs en pharmacie, masseurs kinésithérapeutes, manipulateurs en radiologie, personnels administratifs, et médico-sociaux, agents des services hospitaliers. L'administration pénitentiaire met à disposition des services médicaux des locaux identifiés et des surveillants pénitentiaires astreints au secret médical. Le plus souvent les locaux affectés aux services médicaux ne permettent pas à l'ensemble des personnels d'y prendre en charge les patients et des consultations doivent être déportées vers les parloirs avocats ou d'autres espaces peu adaptés à la confidentialité et à la mise en confiance du patient détenu.

Les missions des UCSA s'organisent autour de cinq grands axes :

- *L'organisation de l'accueil des personnes condamnées ou prévenues (art D 381 du Code procédure pénale).*

Tout patient arrivant en détention bénéficie d'un dépistage systématique de la tuberculose, d'un entretien soignant et médical, d'une continuité de sa prise en charge thérapeutique extérieure. Lors de cette première consultation, il lui sera proposé la réalisation de tests de dépistage des maladies sexuellement transmissibles (hépatites, syphilis, VIH) ainsi qu'une mise à jour de ses vaccinations. Un repérage des patients présentant un handicap (grille AGGIR) avec information à l'administration pénitentiaire des conditions d'hébergement à mettre en place.

Les services médicaux se sont inscrits très vite dans une démarche qualité, afin d'accueillir, le plus humainement possible les personnes placées sous main de justice avec une vigilance toute particulière pour les personnes incarcérées pour la première fois.

L'administration pénitentiaire de son côté a très nettement amélioré l'accueil des personnes qui lui sont confiées et de nombreux établissements ont obtenu un label de qualité en se conformant aux règles pénitentiaires européennes et à la loi pénitentiaire.

- *Le suivi médical et les soins*

Le chef de pôle, le praticien responsable de l'unité fonctionnelle, la cadre supérieure de pôle, les cadres de santé organisent la prise en charge des patients et la continuité des soins :
- consultations médicales (suivi thérapeutique et parcours de soins) ;
- visites et soins d'urgence pour les établissements pourvus d'une ligne de garde (Fleury et Fresnes) ou d'une astreinte médicale ;
- consultations spécialisées ;
- soins infirmiers ;
- soins dentaires ;
- entretiens médico-sociaux ;
- circuit des examens de laboratoire ;
- circuit du médicament : préparation, vérification, distribution nominative ;
- soins de rééducation sur les établissements bénéficiant de temps de kinésithérapie ;
- prévention et éducation à la santé.

Les consultations se font, soit à la demande du détenu (courriers postés dans une boîte aux lettres identifiée), soit à la demande des soignants et à celle des surveillants de détention. Les patients, depuis la loi du 18 janvier 1994, sont affiliés dès leur incarcération au régime général de la sécurité sociale et peuvent bénéficier, depuis 2005, de la couverture maladie universelle complémentaire (CMUc). L'UCSA s'intègre dans la démarche qualité, gestion des risques, évaluations des pratiques professionnelles de son centre hospitalier.

Les pathologies prises en charge sont celles d'une médecine ambulatoire très apparentée à la médecine libérale. Néanmoins, le praticien en prison est confronté à des problématiques très particulières au monde de l'enfermement, mais aussi à une population transgressante majoritairement psychopathique c'est-à-dire présentant une personnalité antisociale (vie entière) chez 28% des hommes détenus et 14% des femmes.

Sans surprise (choc de l'incarcération, privation de liberté, de l'environnement familial, etc.), les troubles anxieux (56% des hommes et 54% des femmes) et dépressifs (47% des hommes, 51% des femmes) sont largement représentés. Il existe une forte incidence d'addictions, et notamment de polyconsommations : 38% des détenus incarcérés présentent une dépendance aux substances illicites et 30% une dépendance à l'alcool. Le taux de schizophrénie a été évalué à 3,9%, soit quatre fois plus qu'en population générale.

Un risque suicidaire est repéré pour 40% des hommes et 62% des femmes. Ce risque est jugé élevé pour presque la moitié des personnes concernées. Le suicide est une préoccupation majeure en détention et pour cause : six à sept fois plus qu'en population générale pour une catégorie sociodémographique équivalente.

L'UCSA s'intègre dans la démarche qualité, gestion des risques, évaluation des pratiques professionnelles de son centre hospitalier.

- L'organisation des extractions médicales avec les services pénitentiaires

Conformément aux dispositions de l'article R.711-16-3 du Code de la santé publique, l'établissement de santé organise l'accès des personnes détenues à l'ensemble des consultations ou examens spécialisés qui ne peuvent être réalisés dans l'enceinte de l'établissement pénitentiaire. En cas d'impossibilité, ces examens devront être envisagés sur d'autres établissements hospitaliers non signataires de convention inter établissements santé/justice.

La réalisation de ces consultations nécessite une étroite coordination avec les services pénitentiaires au regard de la question des escortes (avec ou sans renfort de police et de gendarmerie selon le profil pénal du détenu).

Beaucoup de patients vivent mal ces extractions vers les milieux hospitaliers souvent mal adaptés à recevoir des personnes placées sous main de justice. Déambuler dans de longs couloirs hospitaliers, menotté, entravé, sous le regard des consultants de l'hôpital, est une épreuve pour le patient détenu et un certain nombre d'entre eux le vivent douloureusement et refusent leurs extractions médicales ou leur hospitalisation.

L'avenir à moyen terme est le déploiement de la télémédecine dans les structures carcérales. Certains centres en sont déjà équipés, permettant les avis spécialisés ne nécessitant pas de plateau technique, palliant ainsi aux déficits de recrutement de praticiens et diminuant le nombre d'escortes.

Toutes les hospitalisations d'urgence et programmées de courte durée (48 heures) sont accueillies sur l'établissement hospitalier dont dépend l'UCSA. Les patients sont alors hospitalisés dans des « chambres sécurisées » sous la surveillance d'une garde policière statique 24h/24. Toutes les hospitalisations programmables, de plus longue durée sont dirigées vers les Unités d'hospitalisations sécurisées inter régionales (UHSI).

- La préparation de la continuité des soins à la sortie

Elle se réalise en coordination avec les services pénitentiaires d'insertion et de probation (SPIP). Cependant, les conseillers d'insertion et de probation ont vu se modifier leur mode d'exercice depuis ces dernières années. Le parcours d'exécution de la peine, les remises de peine supplémentaires, les aménagements de peine, la prévention de la récidive sont si chronophages que ces personnels perdent peu à peu leur mission « sociale ».

Le vieillissement de la population placée sous main de justice, l'accueil croissant des personnes à mobilité réduite, doit faire envisager, aux tutelles hospitalières, l'octroi au tableau des emplois des UCSA de temps médico-sociaux supplémentaires (instructions des dossiers d'allocation adulte handicapé –AAH, des dossiers d'allocation compensatrice pour aide personnalisée à l'autonomie, recherche de structures hébergeantes, d'appartements thérapeutiques, etc.).

Des détenus pouvant bénéficier de suspension de peine pour raison médicale en vertu de la loi du 4 mars 2002, restent en prison faute de lits d'aval ou d'hébergements dès lors qu'il y a absence familiale (personne seule ou famille rejetante).

- La coordination des actions de prévention et d'éducation à la santé

Les personnes détenues bénéficient, au même titre que la population générale, d'actions d'éducation à la santé. En vertu de l'article R.711-14 du

Code de la santé publique, l'établissement de santé coordonne ces actions au sein de l'établissement pénitentiaire.

Un comité de pilotage placé sous la responsabilité du responsable de l'UCSA et avec tous les partenaires jugés utiles (direction pénitentiaire, service d'insertion et de probation, éducation nationale, direction de la protection judiciaire de la jeunesse, représentants de l'Agence régionale de santé) élabore un programme annuel et lance les appels à projets dont les financements pourront être assurés par les délégations territoriales-ARS, la DISP, la Mission interministérielle de lutte contre les drogues et la toxicomanie (MILDT).

Des actions sont ainsi menées dans les établissements pénitentiaires par des associations (groupes de parole, actions théâtrales, ateliers créatifs…) et par les professionnels de santé détachés par leurs hôpitaux de référence. Cependant, l'accès aux soins et à la protection de la santé en prison continue à poser des problèmes éthiques majeurs pour certains types de public : la personne âgée et la personne présentant un handicap.

Ces personnes sont confrontées à l'inaccessibilité des lieux dans la majorité des établissements (douches, ateliers, bibliothèque, cour de promenade). Elles subissent un manque total ou partiel d'aide technique (lit adapté, alèses, système de levage, fauteuil roulant).

Peu d'établissements pénitentiaires sont pourvus de véhicule adapté aux extractions de ces personnes, et ce malgré le déploiement progressif de cellules pour personnes à mobilité réduite. De même, trop peu d'établissements ont établi des conventions avec la MDPH (Maison départementale des personnes handicapées), le Conseil général et les services sociaux extérieurs. Il n'est pas concevable que le patient détenu présentant un handicap soit soumis à l'aide d'un seul codétenu. En touchant à l'intime, on ne peut soumettre ce patient vulnérable qu'à des personnels auxiliaires de vie. Or, il ne bénéficie que rarement d'une tierce personne pouvant l'aider dans les gestes du quotidien.

La circulaire du 10/01/2005 intègre cette notion, face à l'augmentation du nombre de personnes dépendantes accueillies en maisons d'arrêt ou vieillissant en centres pour peine. L'attribution des allocations adulte handicapé (AAH), compensatrice tierce personne et aide personnalisée à l'autonomie (APA) devraient améliorer la vie en détention de ses personnes particulièrement vulnérables.

Quelques problématiques

Les femmes détenues

Les femmes incarcérées ne représentent que 3,4% de la population placée sous main de justice. Certaines vivent leur grossesse en prison où elles reçoivent soins et suivis spécialisés. Très différentes selon les établissements, les conditions de détention des femmes enceintes ou des mères incarcérées avec leur enfant sont décrites comme « meilleures » par les détenues et l'administration pénitentiaire. La « nursery » comme celle de la plus grande prison française, constitue une « zone frontière ; tout est fait pour laisser penser que l'on n'est pas tout à fait en détention mais « de l'autre côté ». Au sein de cette nursery sont accueillies dans une aile spécifique les femmes en cours de dernier trimestre de leur grossesse et dans une autre aile celles ayant accouchées. Les cellules sont adaptées à la prise en charge des nourrissons (table à langer, berceau) ; les mamans peuvent se retrouver avec les enfants dans une grande salle ouverte vers un patio intérieur rendant ainsi leur détention moins difficile. La prise en charge des bébés est assurée par une équipe de liaison hospitalière émanant du Pôle de santé Femme Mère Enfant, indépendante de l'UCSA. La coordination avec les services pénitentiaires facilite les relations avec l'extérieur (place en crèche, placement diurne chez une assistante maternelle).

Cependant, à l'âge de 18 mois et, au plus tard, à celui de 24 mois les enfants sont séparés de leur mère ce qui rompt très douloureusement le lien maternel.

La suspension de peine pour raison médicale :

Prévue par la loi du 4 mars 2002, elle est appliquée de manière encore trop restrictive et assujettie aux conclusions concordantes de deux experts missionnés par le juge d'application des peines suite au certificat médical remis en mains propres au patient et transmis par lui.

Lorsque le pronostic vital est engagé, que le patient doit recevoir des soins palliatifs, le seul certificat médical du praticien UCSA de demande de suspension de peine peut être suffisant mais il s'agit alors d'une décision bien tardive. Ces patients subissent des conditions de vie difficiles dans ces établissements où règnent promiscuité, surpopulation, manque d'hygiène, rendant quasi incompatibles la mise en place de soins adaptés et un accompagnement humain digne.

La suspension de peine, lorsqu'elle est prononcée, se heurte au manque de structures d'aval (soins palliatifs, appartement thérapeutiques, lits médicalisés moyens ou longs séjours). Des établissements pénitentiaires, et des UCSA prennent en charge des patients nécessitant des soins palliatifs faute d'aval ce qui va à l'encontre de l'égalité des soins et du respect de la loi du 18 janvier 1994.

Contrairement aux condamnés, les prévenus – présumés innocents en fin de vie ne bénéficient pas de ces dispositions légales. La décision de remise en liberté provisoire est donc laissée à la seule appréciation du magistrat instructeur.

La violence

Les plus faibles, les plus vulnérables sont exposés à la violence des autres détenus par non respect du droit du détenu à la sécurité et à la protection de son intégrité physique.

Les personnels soignants qui prennent en charge les victimes de violences physiques parfois graves y sont confrontés quotidiennement. La violence est omniprésente et exacerbée par la surpopulation, la promiscuité et l'incarcération de patients atteints de troubles mentaux. Le stress, l'angoisse, les états dépressifs qui en découlent, conduisent ces patients à des passages à l'acte hétéro agressifs, auto agressifs (canaliser sa propre violence) ou à des conduites suicidaires.

L'administration pénitentiaire signale les personnes sensibles, les personnes placées en cellule de protection d'urgence (CproU) aux services de santé qui les prendront en charge et proposeront un suivi avec leur accord. Le suivi ne peut être que consenti par le patient et ne peut lui être imposé. Dans les cas où une personne présenterait des risques majeurs pour lui-même ou autrui, liés à des troubles psychiatriques avérés, une hospitalisation d'office (art D. 398 du CPP) serait décidée.

Le secret médical

Le praticien écoute et soigne son patient. Il est détenteur de ce qui lui a été confié, mais aussi de tout ce qu'il a vu, entendu et compris (Code de déontologie médicale). Cette relation de confiance semble dès lors incompatible avec certaines demandes de l'administration pénitentiaire : placements au quartier disciplinaire, maintien au quartier d'isolement, renseignements médicaux portés sur le cahier électronique de liaison du patient (CEL) et participation aux commissions pluridisciplinaires uniques (CPU).

Comment les détenus pourraient-ils continuer à se confier, si le doute s'installe, si le praticien devient suspect de délivrer des renseignements non consentis par ces patients ? Les dossiers médicaux doivent impérativement être entreposés dans des locaux protégés, accessibles par les seuls soignants (clés ou digicode).

Tous les documents, et en particulier les certificats médicaux, sont remis en mains propres aux seuls patients. Lors des extractions les dossiers médicaux sont remis aux escortes pénitentiaires sous enveloppe close par un bandeau autocollant « secret médical ».

Le secret médical s'impose à tout personnel de santé, ainsi qu'à tout professionnel intervenant dans le système de santé (surveillants d'unité médicale). Les entretiens avec les patients se font en colloque singulier, hors état de dangerosité maximale signalée par les services pénitentiaires ou les partenaires médicaux (service de psychiatrie).

Trop souvent en milieu hospitalier, dans les bureaux de consultations médicales, les patients-détenus, particulièrement surveillés, sont reçus, par les médecins, menottés et entravés en présence des escortes pénitentiaires, de police ou de gendarmerie. Ces conditions humiliantes mettent en péril la relation de confiance malade-médecin et portent atteinte à la qualité de l'examen et des soins (souvent refusés par le patient ou abrégés par le spécialiste entravé dans sa prise en charge).

Le consentement libre et éclairé

Ce consentement est devenu, dans notre pratique médicale, un des fondements de la relation malade- médecin. La loi du 4 mars 2002 relative aux droits des patients et à la qualité du système de santé s'applique aux personnes détenues consultantes UCSA, SMPR, CSAPA ou en secteurs hospitaliers médicaux, chirurgicaux ou obstétricaux.

La personne détenue a droit à l'information sur son état de santé, sur les soins qui lui sont proposés, sur les conséquences d'un consentement ou d'un refus de soins, sur l'accès aux pièces de son dossier médical. Ainsi responsabilisé, le patient détenu devient acteur de sa santé, lui permettant d'affirmer sa responsabilité, son autonomie et sa liberté de choix.

Trois situations méritent d'être évoquées :

- *Les privations d'alimentation :*

Confronté à une privation d'alimentation solide et/ou liquide, le médecin a le devoir d'informer d'emblée la personne des risques encourus sans influencer sa détermination. Il doit rester neutre et réitérer son information au cours de sa surveillance clinique. La question vitale qui se pose au praticien : respecter la décision du patient de poursuivre sa privation alimentaire tout en évitant de lui faire courir des risques vitaux.

- *Les obligations ou injonctions de soins :*

Dans son principe, le consentement libre et informé implique la liberté de refuser un acte médical et donc l'absence de contraintes et/ou de sanctions en cas de refus.

L'injonction de soins en prison, assortie de remises de peine supplémentaires accordées au détenu qui accepte, contraint, une thérapie destinée à limiter une éventuelle récidive, entre donc en contradiction avec la loi du 4 mars 2002 et le consentement libre et informé.

Ces mesures peuvent être, au contraire, contre-productives, la majorité des patients s'inscrivant dans une démarche de soins imposés dans le seul but d'obtenir un certificat de suivi et des remises de peine supplémentaires.

La proposition de soins consentis reste le seul dispositif compatible avec un traitement dont l'objectif est la mise en œuvre, d'un vrai travail thérapeutique, contribuant à une amélioration de l'état de santé, une réconciliation avec lui-même, et permettant une réinsertion sociale, et non la seule prévention de la récidive délinquante.

- *Les placements en isolement (QD/QI) :*

La sanction qui conduit un détenu en cellule disciplinaire est une décision uniquement pénitentiaire. Le praticien ne peut et ne doit pas autoriser cette sanction ; son rôle se borne, si besoin, à établir un certificat de contre indication temporaire à cet isolement disciplinaire dès lors qu'il constate une incompatibilité physique ou psychologique. Ainsi, au terme de ce certificat et en l'absence de certificat de prolongation, l'administration pénitentiaire applique la pénologie qui conduisait ce patient au QD. Ces certificats limités dans le temps évitent ainsi de verser au dossier pénal une contre indication médicale au QD qui pourrait valoir pour tout le temps de la détention voire d'être revendiquée par le détenu lors d'une réincacération, un transfert d'établissement.

Un détenu peut être placé à la demande de la Justice ou de l'administration pénitentiaire en quartier d'isolement coupé de tout contact avec les autres détenus. L'administration demande l'expertise du médecin ou du psychiatre sur sa prolongation d'isolement. Dans la très grande majorité des cas, ces certificats établis n'ont qu'une valeur consultative, dès lors que l'administration pénitentiaire ou la Justice décide le maintien en isolement.

L'article D 381 du CPP entretient la confusion d'un rôle de praticien au seul service du patient et un rôle d'expert au service de l'administration pénitentiaire : « les médecins réalisent les visites aux détenus placés au quartier disciplinaires ou d'isolement chaque fois qu'ils l'estiment nécessaire et en tout cas au moins deux fois par semaine ». Le praticien ne peut être qu'au service du patient et c'est à lui et à lui seul qu'il pourra remettre un certificat médical contre indiquant le maintien à l'isolement ou demandant une expertise médicale s'il se juge incompétent.

Les Centres de soins, d'accompagnement et de prévention en addictologie (CSAPA).

Soigner, Insérer, Réduire les risques

Il n'existe que peu de CSAPA en milieu carcéral (3 en Ile de France). Ces structures permettent la prise en charge des patients consommateurs de produits illicites et de médicaments soumis à prescription mais détournés.

Dans les établissements où cette structure n'existe pas, ce sont les services extérieurs compétents en addictologie qui prennent en charge cette mission en partenariat avec les UCSA. Leurs personnels assurent :
- le repérage des personnes évoquant des dépendances ;
- l'accueil médico-social de ces patients ;
- les suivis thérapeutiques somatiques et psychologiques ;
- la réduction des risques infectieux ;
- la préparation à la sortie en relation avec les structures habilitées (CSAPA, CAARUD) afin d'assurer la continuité de la prise en charge ;
- la recherche d'hébergement, de centres d'accueil en post cures.

Les traitements de substitution (Buprénorphine haut dosage, Chlorhydrate de méthadone) doivent pouvoir être accessibles à tous les détenus dépendants qui en ont besoin au-delà de toute réticence idéologique. Il s'agit d'accompagner la personne dans un parcours intégrant le suivi antérieur lorsqu'il existe, le maintien et la continuité des soins.

Dans les établissements où existe ce CSAPA, un accueil spécifique est réalisé dès l'entrée, afin de s'enquérir auprès de centres extérieurs du suivi et du traitement du patient. Une évaluation des consommations permet à l'équipe médico-sociale la continuité des soins engagés hors de la prison. Pour les consommateurs avec ou sans véritable suivi, une prise en charge est proposée et un traitement de sevrage, et/ou de substitution, une surveillance soignante des états de manque.

Tout ne peut être décrit et bien des facettes de notre métier resteront derrière les barreaux des établissements où nous avons choisi de travailler : les contrôles des repas et régimes alimentaires, un regard sur les produits « cantinables » de parapharmacie, l'hygiène, la prise en charge des détenu(e)s classé(e)s travailleurs et des accidents du travail dont ils sont victimes.

Il n'en reste pas moins que les services médicaux sont des partenaires privilégiés de l'administration pénitentiaire, que les échanges dans le seul intérêt du patient et avec son consentement ne peuvent qu'apporter une sécurité et un apaisement dans des situations délicates.

Références

Arrêté du 14/12/1986 : relatif à l'organisation des SMPR

Loi du 18/01/1994 : relative à la création des UCSA (la médecine générale relève du ministère de la santé).

Loi du 04/03/2002 relative aux droits des patients et à la qualité du système de santé.

Loi du 09/06/1999 : relative à garantir l'accès aux soins palliatifs.

Loi du 22/04/2005 relative aux droits des patients en fin de vie.

Loi du 11/02/2005 pour l'égalité des droits et des chances, la participation et la citoyenneté des personnes handicapées.

Loi pénitentiaire du 24/09/2009 (section VII – art 45 à 56).

Code de procédure pénale (Décret 98-1099 du 08/12/1998 / Articles D360 à D3 / Art D400à D401-2 protection de la mère et de l'enfant).

Guide méthodologique Santé – Justice relatif à la prise en charge sanitaire des personnes détenues (réactualisation 2005 et en cours).

Circulaire DHOS/DGS du 16/05/2007 sur la nouvelle organisation des dispositifs de prise en charge et des soins en addictologie.

Règles Pénitentiaires Européennes adoptées le 11/01/2006 en Comité des ministres des États membres.

Politique santé – justice pour les personnes placées sous main de justice 2010-2014.

Circulaire interministérielle DGS/MC1/DGOS/R4/DAP/DPJJ n° 2012/94 du 21/06/2012 relative à la participation des professionnels de santé exerçant en prison à la communication pluridisciplinaire unique.

TRAITEMENT ET ACTEURS DE SOINS

8

Parcours de soin et coopération des acteurs

par Renaud Bouvet

La notion de parcours de soin renvoie au système mis en œuvre par la sécurité sociale afin d'optimiser la prise en charge sanitaire des assurés sociaux tout en garantissant le contrôle des dépenses de santé. Ce n'est pas ce parcours de soin que nous abordons ici car la dimension financière en est absente. Pour autant, l'exercice de la médecine générale en milieu carcéral empreinte totalement à ce parcours la coordination des soins, l'orientation du patient, la gestion de son dossier médical et les actions de prévention et de promotion de la santé. Relativement à ces actions, le parcours de soin à l'intérieur des établissements pénitentiaires représente l'archétype du parcours de soin coordonné.

Si tant la loi du 4 mars 2002[1] que la loi pénitentiaire de 2009[2] garantissent les droits du patient détenu ou du détenu patient, selon l'angle choisi, l'enfermement impose une redéfinition des modalités de la prise en charge sanitaire, et c'est ce constat qui a présidé à l'adaptation de l'offre de soin en détention. Cette adaptation peut être résumée en quatre dates clés :

- 1985 : création des services médico-psychologiques régionaux SMPR, en charge de la santé mentale des détenus, adossées à des établissements de santé mentale.

- 1994 est l'année des avancées majeures : création des unités de consultations et de soins ambulatoires (UCSA) adossés aux établissements publics de santé, affiliation des détenus au régime général de l'assurance maladie et rédaction d'un guide méthodologique qui sera revu en 2005, puis 2012.

---

1. Loi n° 2002-303 du 4 mars 2002 relative aux droits des malades et à la qualité du système de santé, JORF du 5 mars 2002, p. 4118.

2. Loi n° 2009-1436 du 24 nov. 2009 pénitentiaire, JORF du 25 nov. 2009, p. 20192.

- 2004 : ouverture de la première unité d'hospitalisation sécurisée interrégionale (UHSI) à Nancy ; la dernière du programme a ouvert en novembre 2012, à Rennes.

- 2010 : ouverture de la première unité d'hospitalisation spécialement aménagée (UHSA).

Il est difficile d'avoir une vue d'ensemble de l'état de santé des détenus car il n'existe pas, comme cela aurait pu être prévu d'emblée, de système de recueil de données unique. S'il s'agit d'une population hétérogène, certaines caractéristiques générales peuvent être dégagées. Il s'agit d'une population masculine, jeune, qui présente des vulnérabilités. Vulnérabilité sociale, puisque la plupart des détenus sont à leur entrée sans emploi ou en situation précaire, faiblement scolarisés, peu ou non formés, et pour certains sans logement. Vulnérabilité sanitaire, puisque les antécédents ou problématiques psychiatriques concerneraient 30 à 40 % de la population et les conduites addictives près de 60 % des détenus, qu'il s'agisse d'alcool, de stupéfiants, ou de médicaments. Les maladies infectieuses liées à la consommation de toxiques (VIH : 2 %, VHC : 4.8 % selon l'enquête Prévacar 2010[3]) sont également un enjeu majeur, de même que l'état de santé bucco-dentaire.

Ces vulnérabilités se conjuguent avec les conséquences propres de l'enfermement sur la santé physique et psychique des détenus : apprentissage de la tolérance à la frustration pour certains, modification des repères sociaux, promiscuité, inactivité, rupture affective, familiale, sociale et professionnelle.

Ce constat justifie à notre sens, la prise en charge des détenus selon le modèle bio-psycho-social[4], développé précédemment par Marlène Abondo en matière de prise en charge des auteurs de violences sexuelles. Cette approche légitime également la participation de l'administration pénitentiaire, à tous ses échelons – direction, interrégion, établissement – et dans toutes ses dimensions – SPIP, programmation immobilière ou architecture.

C'est dans cette perspective que l'on peut aborder trois enjeux actuels de la coopération santé, justice, administration pénitentiaire.

---

3. V. K. Chemlal et coll., Offre de soins en milieu carcéral en France : infections par le VIH et les hépatites, *Enquête Prévacar 2010, BEH* 2012 ; 10-11 : 131-134.

4. V. F. Grunberg, G. Massé, P. Lalonde, J. Aubut, Psychiatrie bio-psycho-sociale. In P. Lalonde, J. Aubut, F. Griunberg et coll., *Psychiatrie clinique, une approche bio-psycho-sociale, tome1: introduction et syndromes cliniques*, Montréal, Gaëtan Morin éditeur, 1999, p. 4.

Premier enjeu : l'organisation de l'offre de soin

Force est de constater que persistent encore des disparités entre établissements quant à l'offre sanitaire proposée aux détenus, disparités tenant à l'inadéquation de la carte sanitaire et de la carte pénitentiaire. Quel rapport, en effet, entre un centre pénitentiaire de 750 détenus situé dans une ville de CHU, dont l'UCSA est dotée de 2 ETP de praticien hospitalier, 8 ETP d'infirmière, 1.5 ETP de secrétaire, 1 ETP de chirurgien dentiste, 1 ETP d'assistante dentaire, 0.20 ETP de masseur-kinésithérapeute et 2 vacations de manipulateur radio, et un établissement de quelques dizaines de détenus dont le suivi médical est assuré quelques demi-journées par semaine par un médecin vacataire, sans plateau technique ni auxiliaires médicaux ? Quelle rapport entre une nursery qui peut accueillir, au CP des femmes de Rennes, quatre mères et leurs nouveau-nés dans un lieu de vie aussi adapté que possible, et l'incarcération d'une femme enceinte en maison d'arrêt.

Si le nouveau programme immobilier du ministère de la Justice a permis d'améliorer ces disparités en implantant préférentiellement des établissements de grande capacité dans des villes pourvues d'établissements publics de santé, des difficultés persistent.

Elles tiennent, par exemple, à la permanence des soins qui, *de facto*, doit être plus ou moins externalisée à des structures de médecine d'urgence libérales. La cohérence entre carte sanitaire et carte pénitentiaire peut permettre de résoudre ce problème ; c'est le cas dans notre établissement où l'équipe médicale des UCSA assure la permanence des soins. Les détenus ne sont confrontés qu'à une seule équipe médicale jour, nuit et week-ends. L'administration pénitentiaire a donc un interlocuteur unique en matière de permanence des soins (la régulation des appels est assurée par le SAMU Centre 15) et, sur le plan sanitaire, les pertes de temps ou les redondances d'examens sont limitées, du fait d'une meilleure circulation de l'information, qui permet de limiter les extractions.

Le sujet des extractions et escortes ne peut se résumer à un simple problème d'intendance. L'expérience tend à montrer que les extractions en urgence ne posent aujourd'hui plus de problème majeur, qu'elles soient assurées par l'administration pénitentiaire elle-même, par des ambulances privées ou par les services publics de prompt secours, sapeurs-pompiers et SMUR. Plus problématiques sont les extractions dans le cadre de consultations ou d'interventions chirurgicales programmées, dont la mise en œuvre peut se heurter à des obstacles de trois ordres :

- La volonté du patient détenu est primordiale. Certains détenus refusent l'extraction, souvent parce qu'un parloir est déjà prévu et qu'ils ne sont, pour des raisons de sécurité, jamais prévenus des dates et heures d'extraction. D'autres refusent un transfert vers un établissement pénitentiaire plus proche d'un établissement de santé, permettant des escortes moins longues.

- Les contraintes de sécurité qui sont liées aux disponibilités du personnel pénitentiaire et des fonctionnaires de police en cas de garde statique dans un service de soin ou en chambre sécurisée.

- La déprogrammation ou la modification *in extremis* par l'établissement de santé receveur, pas toujours conscient des contraintes de telles extractions, de consultations ou interventions souvent planifiées depuis plusieurs semaines, voire mois pour certaines spécialités, notamment chirurgicales.

L'inadéquation des contraintes de sécurité et des contraintes hospitalières constitue une « zone de frottement » qui persiste malgré l'ouverture des UHSI ; on citera, par exemple, le cas d'un détenu devant bénéficier d'une chirurgie du rachis qui a dû accomplir un aller-retour de 300 km pour la consultation chirurgicale, un deuxième pour la consultation pré-anesthésique, et un troisième pour l'intervention chirurgicale elle-même… Il faut espérer que l'accroissement du recours aux UHSI et le développement de la télémédecine améliore la situation.

L'organisation de l'offre de soin doit également répondre aux défis du vieillissement et de la dépendance, qui concernent à la fois les acteurs sanitaires, pénitentiaires et médico-sociaux. La question du vieillissement de la population pénale procède à l'évidence de l'augmentation de l'espérance de vie, mais également de l'allongement des peines et de l'incarcération de personnes plus âgées, notamment dans des affaires d'infractions de nature sexuelle.

L'accueil de détenus dépendants ou en situation de handicap appelle des adaptations architecturales ; certains posent même la question d'établissements spécialisés. Mais au-delà, l'accueil de ces détenus âgés ou handicapés suscite une nouvelle demande de soins, tant sur le plan somatique que psychique, du fait de la nature ou de l'évolution des pathologies rencontrées. Leurs conséquences en termes de dépendance et d'autonomie appellent également des compétences qui ne sont pas nécessairement disponibles au sein des établissements : l'hygiène corporelle, le ménage ou l'alimentation ne relèvent en effet ni des personnels pénitentiaires, ni des personnels sanitaires, UCSA ou SMPR.

De nouvelles coopérations sont donc à envisager, avec les conseils généraux, chefs de file de l'action sociale, pour favoriser l'éligibilité des détenus à l'allocation personnalisée d'autonomie (APA) et avec les maisons départementales du handicap (MDPH), pour favoriser l'éligibilité à la prestation de compensation du handicap (PCH). C'est le cas dans nos établissements rennais, sous l'impulsion du SPIP, en lien avec le Conseil général et la

MDPH d'Ille-et-Vilaine, et plusieurs détenus bénéficient, tant au centre pénitentiaire des hommes qu'au centre pénitentiaire des femmes, de l'assistance d'un auxiliaire de vie. SMPR et UCSA sont associés à la procédure par le biais de rédaction de certificats médicaux et par l'évaluation du handicap, notamment au moyen des grilles Aggir ou Autonomie, gérontologie, groupe iso-ressources (pour l'octroi de l'APA) et Geva ou guide d'évaluation des besoins de compensation des personnes handicapées (pour l'octroi de la PCH).

En milieu ouvert, les délais de traitement de tels dossiers sont d'environ six mois, or la durée moyenne de détention en maison d'arrêt est, dans nos établissements, de quatre mois. Une procédure d'urgence mise en place entre SPIP et MDPH en collaboration avec l'UCSA permet de réduire ces délais à une quinzaine de jours.

Mais le développement de l'offre de soins en détention pose une question éthique : jusqu'où les soins en détention doivent-ils aller ? On a pu parler de soins palliatifs en détention... Dans ces conditions, que reste-t-il de la suspension de peine pour raison médicale ? L'incompatibilité d'un état de santé avec la détention est-elle encore possible ?

Deuxième enjeu : l'information

Si l'on admet le principe d'une prise en charge des détenus fondée sur un modèle bio-psycho-social qui justifie d'étroites coopérations santé, justice, administration pénitentiaire, les professionnels de santé intervenant en détention restent soumis aux dispositions légales et réglementaires qui régissent l'exercice de leur art, et notamment au caractère général et absolu du secret professionnel.

Le sujet du compromis, subtil ou impossible, entre respect du secret professionnel et partage « *d'informations opérationnelles* » fera l'objet de l'analyse juridique d'Alexandre Litzler ; j'évoquerai simplement les questions actuelles qui interrogent les professionnels de santé, tant en UCSA/SMPR qu'au sein des établissements de santé recevant des détenus.

Les avis restent partagés quant à la participation des personnels UCSA/SMPR aux commissions pluridisciplinaires uniques pour la prévention du suicide : du refus fondé sur le respect du secret professionnel, à la communication d'avis quant à la nécessité d'une surveillance rapprochée (pas d'avis, pas d'indication, indication, à maintenir)... voire à la participation muette.

A l'hôpital, lors de consultations ou d'interventions chirurgicales, à l'exception de l'accouchement, la présence du personnel pénitentiaire suscite toujours incompréhension – le cas du sujet sédaté et intubé en réanimation, voire hostilité de la part des professionnels de santé. Si la présence des gardiens hors de la salle de consultation – mais devant la porte ! – est considérée par les médecins comme une victoire, cette victoire est dérisoire et le respect absolu du secret illusoire, quand la seule dénomination du lieu de la consultation – service de cancérologie – porte déjà tant d'informations. Dans notre établissement, l'exemple caricatural fut celui d'un patient insuffisant rénal dialysé trois fois par semaines pendant plusieurs mois avant de bénéficier d'une transplantation rénale... Le caractère relativement exceptionnel de la pathologie obère tout secret, de même, de manière beaucoup plus fréquente, que son caractère contagieux : tuberculose ou gale.

A l'hôpital psychiatrique, l'incompréhension est d'un autre ordre. Le patient détenu hospitalisé à l'hôpital psychiatrique semble ne pas être perçu comme les autres patients si l'on considère que la règle est le placement en chambre d'isolement, éventuellement assorti d'une contention mécanique : la dangerosité semble être présumée de la qualité de détenu, les hospitalisations sont souvent courtes, et le détenu renvoyé à « sa place », l'établissement pénitentiaire, alors que son hospitalisation témoignait *a priori* de l'incompatibilité de son état de santé avec la détention. On en arrive à des situations paradoxales, puisque certains détenus en souffrance psychique préfèrent s'abstenir de consulter au SMPR de crainte d'être hospitalisés en psychiatrie...

La transmission de l'information interroge enfin la coopération entre professionnels de santé. La dématérialisation du dossier médical autorisant la consultation à distance des comptes-rendus médicaux et des résultats d'explorations complémentaires a considérablement fluidifié la transmission des informations entre professionnels de santé, notamment entre UCSA et centre hospitalier de référence. Les coopérations peuvent en revanche être renforcées au sein des établissements pénitentiaires entre UCSA et SMPR. La stricte séparation – tant architecturale qu'institutionnelle – des soins psychiatriques et somatiques, ne nous parait pas dénuée de limites, dans la mesure où elle peut être un obstacle à une prise en charge globale du patient. Les cultures médicales peuvent être différentes et les écoles de pensée parfois variables, la mise en commun du dossier médical est de réalisation difficile... Il n'en demeure pas moins que la question d'un rapprochement, d'une direction médicale unique, voire d'une fusion, mérite d'être discutée, au bénéfice des patients. C'est sur la base d'une telle synergie que pourra être améliorée la sortie des détenus et le relais vers les réseaux de soins, notamment d'addictologie, ou le médecin traitant.

Troisième enjeu : la prise en charge psychiatrique des détenus

L'exercice dans un service de médecine légale et médecine pénitentiaire à Rennes (mais c'est également le cas à Bordeaux ou à Lille) nous permet d'appréhender la population pénale non seulement sous l'angle de sa prise en charge sanitaire, mais également sous l'angle expertal, notamment en matière psychiatrique. Quelles observations peut-on en tirer ?

D'abord, que la question de la santé mentale et de la prise en charge psychiatrique des détenus est au centre des préoccupations des administrations sanitaires, judiciaires et pénitentiaires. A bon… ou a moins bon escient.

Les rares données épidémiologiques tendent à établir que 30 à 40 % des détenus présentent des antécédents ou une problématique psychiatrique, problématique dont il est d'ailleurs difficile d'établir si elle est l'une des causes ou l'une des conséquences de la détention. Toujours est-il que pèse aujourd'hui sur la psychiatrie en détention une attente sociale et institutionnelle majeure, notamment dans la prévention du suicide et de la récidive. Or la psychiatrie ne peut pas tout, et tout comportement déviant ne relève pas nécessairement de la psychiatrie.

Dans ce champ également, de nouvelles coopérations pluridisciplinaires, dont le pivot reste indiscutablement la psychiatrie, doivent être encouragées[5], d'autant qu'elles répondent à une attente des professionnels de santé mentale. En témoignent les résultats d'une étude réalisée cette année par le Centre régional de ressources sur les auteurs de violences sexuelles (CRAVS) de Rennes auprès de 2004 professionnels de santé mentale, psychiatres et psychologues, libéraux et institutionnels (dont des praticiens hospitaliers de SMPR ou intervenant en détention). Ces professionnels confirmés, amenés à prendre en charge des auteurs de violences sexuelles, sont demandeurs de la formalisation de réseaux et d'appui technique et scientifique en matière d'agressologie et particulièrement d'agressologie sexuelle. Si cette demande se manifeste particulièrement chez les praticiens traitants intervenant dans le cadre d'une injonction de soin, parallèlement à la mission du médecin coordonnateur, la même réflexion est adoptée par des psychiatres exerçant en SMPR. Notre hypothèse de travail fait des CRAVS, financés par le plan de santé mentale et adossés aux établissements publics de santé, les structures de ressource à même d'appuyer les professionnels, tant sur le plan documentaire que pratique, par le développement de moyens d'évaluation, et d'animation de tels réseaux.

Cette approche pluridisciplinaire témoigne de la nécessité d'un « décloisonnement » de la psychiatrie pénitentiaire, qui s'illustre d'ailleurs dans les

5. Haute autorité de santé. Prise en charge des auteurs d'agression sexuelle à l'encontre de mineurs de moins de 15 ans. Recommandations de bonne pratique, juillet 2009, 37 p.

dernières propositions formulées par les rédacteurs du Guide méthodologique de prise en charge sanitaire des personnes placées sous main de justice[6]. Intégrant à leur réflexion l'ouverture programmée des UHSA et le plan d'actions stratégiques 2010/2014 pour la politique de santé des personnes placées sous main de justice[7] qui prévoit la mise en place de trois niveaux de soins psychiatriques associant les UCSA, les rédacteurs du guide en tirent justement la conséquence qu'UCSA et SMPR devaient être regroupés en « unités sanitaires ».

Au-delà d'une évolution fonctionnelle, cette intégration nous semble nécessaire et légitime, au bénéfice de la prise en charge sanitaire des personnes détenues.

6. Ministère de la Justice, ministère des Affaires sociales et de la santé. Prise en charge sanitaire des personnes placées sous main de justice. Guide méthodologique. Octobre 2012, 364 p.

7. http://www.sante.gouv.fr/IMG/pdf/Plan_actions_strategiques_detenus.pdf

9

Du secret partagé au partage opérationnel d'informations

par Alexandre Litzler

« Les chemins hasardeux de la dangerosité »[1] ont conduit la politique pénale à faire du médecin une pièce centrale du réseau pénitentiaire. Les réformes se succèdent pour modifier le Code de procédure pénale et le Code de la santé publique. Dernière en date, la loi n° 2012-409 du 27 mars 2012 de programmation relative à l'exécution des peines, précise certaines modalités de communication entre juges de l'application des peines et médecins dans le cadre spécifique du suivi socio-judiciaire[2]. Principale entrave au partage d'informations, le secret médical régit la communication du médecin vers le tiers. Les questions posées par le milieu ouvert se limitent aux interfaces de rencontres entre la justice et le soignant. Tandis que, dans le cadre du milieu fermé, la question du partage d'informations se complexifie à mesure que la présence des soignants s'accroît en détention.

Sans revenir sur les détails du développement de la médecine en milieu pénitentiaire, la création du rapport soignant / administration pénitentiaire débute au sein des annexes psychiatriques prévues par la circulaire du 5 octobre 1950. La circulaire AP 67-16 en date du 30 septembre 1967 les remplaça par les centres médico-psychologiques régionaux (CMPR). Cependant,

1. V. P. Poncela, « Promenade de politique pénale sur les chemins hasardeux de la dangerosité », in P. Mbanzoulou et al. (dir.), *Les nouvelles figures de la dangerosité*, L'Harmattan, 2008, p. 93, p. 112.

2. V. H. Spriet, *L'indication d'injonction de soins par l'expert repose-t-elle sur un diagnostic médical ?*, Mémoire d'études spécialisées de psychiatrie tenant lieu de thèse en vue de l'obtention du diplôme d'Etat de docteur en médecine.

ce ne fut qu'en 1978 que l'annexe de Lyon se transforma en CMPR. Dans la majorité des cas, les psychiatres intervenant en détention sont, d'après la circulaire, sous la tutelle du ministre de la justice, au même titre que les membres de l'administration pénitentiaire.

Ce sont deux textes qui, lorsqu'ils instituèrent les Services médicaux psychologique régionaux en tant que pierre fondement de la prise en charge psychiatrique des détenus, firent du médecin un acteur du système carcéral.

D'une part, le décret du 14 Mars 1986[3] institue, au côté des secteurs de psychiatrie générale et de psychiatrie infanto-juvénile, un secteur de psychiatrie en milieu pénitentiaire. D'autre part, l'arrêté du 14 décembre 1986[4] relatif au règlement intérieur type fixe l'organisation des services médico-psychologiques régionaux relevant des secteurs de psychiatrie en milieu pénitentiaire. Avec la création des Unités de consultation de soin ambulatoire prévue par la loi du 18 janvier 1994[5] et le décret n°94-929 du 27 octobre 1994 relatifs aux soins dispensés aux détenus par les établissements de santé, la présence de soignants indépendants du ministère de la Justice est généralisée au sein de l'institution. L'intégration d'un acteur étranger au système carcéral a provoqué des situations de blocage dues en partie à des contraintes professionnelles propres à la profession médicale.

Fondement de la médecine[6], la notion de secret se retrouve au cœur des conflits rencontrés par les soignants en milieu carcéral. Louis Portes nous rappelle qu'il n'y a « pas de médecine sans confiance, pas de confiance sans confidence, pas de confidence sans secret… Tout acte médical ne peut être qu'une confiance qui rejoint librement une conscience »[7]. Bien que pierre angulaire de la médecine, cette notion est marquée par son absence de définition légale. En effet le législateur fait le choix de consacrer une obligation au secret qui se traduit par une interdiction de divulgation. Le statut légal de cette incapacité de communication structure l'ensemble des échanges entre le médecin et les acteurs du système carcéral. Il est alors nécessaire de

---

3. Décret n°86-602 du 14 mars 1986 relatif à la désignation des médecins agréés, à l'organisation des comités médicaux et des commissions de réforme, aux conditions d'aptitude physique pour l'admission aux emplois publics et au régime de congés de maladie des fonctionnaires.

4. Arrêté du 14 décembre 1986 relatif au règlement intérieur type fixant organisation des services médico-psychologiques régionaux relevant des secteurs de psychiatrie en milieu pénitentiaire.

5. Loi n° 94-43 du 18 janvier 1994 relative à la santé publique et à la protection sociale

6. V. D. Thouvenin, *Le secret médical et l'information du malade*, Presses universitaires de Lyon, 1982, p. 9.

7. V. L. Miche, B. Brahmy, *Le guide de la pratique psychiatrique en milieu pénitentiaire*, Heures de France, 2005, p. 74.

s'interroger sur les contraintes pesant sur le médecin pour comprendre quels sont les modes de communications pouvant être mis en place.

Nous commencerons par étudier la notion de secret professionnel applicable au médecin. La prolifération des normes astreignant le médecin au silence place le professionnel dans une situation de surexposition juridique bloquant alors toute possibilité d'échanges. Conscient de la complexité qui entoure les actes de communication avec les tiers à la relation médicale, le législateur multiplie les dérogations au secret. Nous analyserons la notion de secret partagé pour comprendre en quoi elle ne permet pas au médecin d'échanger d'informations avec l'administration pénitentiaire. Toutefois l'absence de dispositions relatives au couple médecin/administration pénitentiaire conduit *de facto* à la mise en place d'un partage opérationnel d'informations.

La surexposition juridique du médecin en matière de secret professionnel

La violation du secret professionnel comprend trois éléments : une information à caractère secret, un professionnel qui en est dépositaire et la révélation des données protégées. Les dispositions relatives à ces notions ne prennent pas naissance dans le seul code de déontologie médicale. Se met en place une multiplication normative, résultat d'une confusion des domaines du secret professionnel et du secret médical. En effet, Code pénal, Code de la santé publique, Code civil et Code de la sécurité sociale se chevauchent lorsqu'il s'agit d'appréhender les notions de « professionnel », de « secret » et de « responsabilité ».

La notion de professionnel soumis au secret

La question de savoir si le personnel soignant intervenant en détention est soumis au secret professionnel ne pose pas de difficulté. L'utilisation du terme « professionnel » par l'article 226-13 du Code pénal pose deux questions.

Premièrement, l'article 226-13 du CP est-il un texte d'incrimination général laissant libre le juge d'apprécier si le professionnel est astreint ou non au secret[8] ? Cette question ne concerne pas le médecin. En effet, l'article L.1110-4 du Code de la santé publique dispose que : « Toute personne prise en charge par un professionnel, un établissement, un réseau de santé ou tout

8. V. B. Bruyère, *« Les psychologues et le secret professionnel »*, Armand Colin, 2011, p. 55.

autre organisme participant à la prévention et aux soins a droit au respect de sa vie privée et du secret des informations la concernant ».

Secondement, est-ce l'individu ou le médecin qui est soumis au secret ? La jurisprudence nous apprend que seul est soumis au secret, le professionnel qui agit en tant que tel[9]. Le contexte carcéral d'exercice de la médecine a pour conséquence de limiter les interactions entre médecin et patient. Il est évident que le médecin qui intervient en détention le fait dans le but d'exercer sa profession. Quelle est alors l'étendue de l'obligation au secret pesant sur le soignant qui intervient en détention ?

L'obligation au secret du soignant intervenant en détention

L'absence de définition légale impose d'appréhender avec précision le terme « secret » avant d'aborder la question des sources de l'obligation de non divulgation et son étendue. Benoît Bruyère, dans son ouvrage consacré au secret professionnel du psychologue[10], s'attarde sur la définition du secret. Il met en exergue l'évolution sémantique apparue avec le nouveau Code pénal. L'ancien article 378 de ce code avait recours au terme de « secret ». « Pour le Littré le secret est ce qui doit être tenu caché, ce qu'il ne faut dire à personne »[11]. Cette acception ne laisse aucune place à la notion de partage. Le nouvel article 226-13 du Code pénal utilise les termes « d'information à caractère secret ». L'adjectif « secret » est défini par le Robert comme ce qui « n'est connu que d'un nombre limité de personnes ; qui est ou qui doit être caché des autres, du public ». Signe d'une évolution pour Benoît Bruyère, le nouvel article révèle, sans la consacrer explicitement, l'idée née pendant les débats parlementaires d'instaurer un secret partagé entre soignants.

En l'absence de dérogations légales, la multiplication des sources de l'obligation au secret démontre l'étendue de la contrainte pesant sur le médecin. Le Code civil, la Convention européenne de sauvegarde des droits de l'homme (CEDH) et le Code de la sécurité sociale la prévoient d'une part, au titre de la protection de la vie privée prévue à l'article 9 du code civil et à l'article 8 de la CEDH et d'autre part, à l'article L. 162-2 du code de sécurité sociale. L'étendue de cette obligation reste cependant à déterminer. L'étude de l'article 226-13 du code pénal, ainsi que la jurisprudence qui s'y rattache est alors nécessaire.

9. V. Cass. 2ème civ. 21 juin 1973

10. V. B. Bruyère, Les psychologues et le secret professionnel, *op. cit.*

11. Voir B. Bruyère, Les psychologues et le secret professionnel, *op. cit.*, p. 55.

Nous y apprenons le caractère général et absolu[12] de l'obligation de sorte que même la volonté du patient ne peut contraindre le professionnel à lever le secret[13]. Avant même que la loi ne le réaffirme à l'article L.1110-4 du Code de la santé publique, la jurisprudence appliquait une solution semblable à celle de l'article 4 du Code de déontologie : les faits couverts par le secret sont ceux confiés au professionnel, « mais encore tout ce qu'il a pu voir, entendre, comprendre ou même déduire de l'exercice de sa profession »[14]. Le médecin apparaît comme constructeur du secret au même titre que le patient. Cette spécificité a pour conséquence d'intérioriser la contrainte ce qui accroît les difficultés de communication.

L'obligation au secret n'est cependant pas éternelle, la Cour européenne des droits de l'homme estime que la protection offerte par le secret peut être limitée dans le temps[15]. Cette caractéristique apparaît négligeable au regard du contexte carcéral de la communication soignant / administration pénitentiaire. La nécessité d'obtenir des informations, pour l'administration pénitentiaire, sur un détenu n'a plus lieu d'être lorsque la peine s'achève.

Il faut dorénavant s'interroger sur l'impact d'une pluralité de sources sur les questions de responsabilité.

Responsabilités et cumul

En cas de violation du secret professionnel, le soignant encourt des sanctions de natures multiples. Après avoir préciser la nature pénale, civile et disciplinaire des sanctions encourues, nous aborderons la possibilité de leurs cumuls.

La responsabilité pénale du médecin peut être recherchée au titre de la violation de l'article 226-13 du code pénal[16]. Pour se faire, doivent être ca-

---

12. V. Cass. crim 19 décembre 1985 citer in G. Cédile, « Le signalement par le psychologue est-il compatible avec le respect du secret professionnel ? », *AJ Pénal,* décembre 2011, p. 579.

13. V. Cass. crim. 8 avril 1998 citer in P. Sargos, « Les principes d'immunité et de légitimité en matière de secret professionnel médical », *La Semaine Juridique Edition Générale* n°50, 8 décembre 2004, p. 1189.

14. V. Cass. crim. 24 janvier 1957, cité in E. Archer, « Les limites structurantes de la relation médecin-magistrat », *AJ Pénal* 2004, p. 149.

15. CEDH 18/08/2004 Affaire Plon contre France droit à l'information vs droit au secret médical.

16. Modifiée à 6 reprises par : la loi du 17 juin 1998 relative à la prévention et la répression des infractions sexuelles, par la loi du 17 janvier 2002, de modernisation sociale, par la loi du 18 mars 2003 sur la sécurité intérieure, par la loi du 2 janvier 2004 relative à la protection de l'enfance, par la loi du 4 avril 2006 renforçant la prévention et la répression des violences au sein du couple ou commises contre des mineurs et par la loi du 5 mars 2007, relative à la prévention de la délinquance (partie sur la détention d'arme à feu).

ractérisés trois éléments : l'existence d'une information à caractère secret, une personne dépositaire d'une telle information ainsi que sa révélation à un tiers.

Peuvent également être recherchés des dommages et intérêts au titre de la responsabilité contractuelle[17] du médecin en cas de violation de son obligation au secret.

Enfin, la sanction disciplinaire peut être prononcée en vertu d'une violation de l'article 4 du Code de déontologie.

Les sanctions encourues en cas de violation du secret professionnel sont cumulables. La sanction disciplinaire peut être prononcée cumulativement avec les sanctions civile et pénale ou n'être que l'unique sanction prononcée[18]. C'est notamment le cas lorsque la loi prévoit que la violation du secret ne peut entraîner une condamnation au titre de l'article 226-13 du code pénal sans pour autant préciser qu'une sanction disciplinaire n'est pas prononçable[19]. Pour Olivier Décima « les sanctions pénales et disciplinaires apparaissent parfois interdépendantes, en ce que l'une est régie en considération de l'autre. Cette interdépendance conduit tantôt à la limitation du cumul, tantôt à l'harmonisation des régimes desdites sanctions »[20]. L'articulation des différentes responsabilités n'étant pas organisée, le médecin est dans une position où il doit composer avec l'ensemble des législations. Cette multiplication des contraintes peut avoir pour conséquences de l'enfermer dans un mutisme bloquant tout échanges d'informations.

Consciente des difficultés créées par le secret absolu, la Cour européenne des droits de l'homme estime qu'une atteinte au secret est possible dans le respect des conditions cumulatives suivantes[21] : elle doit être prévue par la loi, poursuivre un but légitime et être nécessaire dans une société démocratique. C'est dans ce cadre que le législateur a créé la notion de secret partagé, mais est-elle applicable à la relation soignant / administration pénitentiaire ?

---

17. V. Cass. crim. 20 mai 1936, Mercier citer in E. Archer, « Les limites structurantes de la relation médecin-magistrat », *AJ Pénal* 2004, p. 147.

18. V. E. Archer, « Les limites structurantes de la relation médecin-magistrat », *AJ Pénal* 2004, p. 149.

19. Ce qui n'est pas le cas de l'article 226-14 qui dispose qu'aucune sanction disciplinaire ne peut être prononcée pour les cas qu'il prévoit.

20. V. O. Décima, « Pour l'articulation des sanctions pénales et disciplinaires du médecin, *AJ Pénal 2012,* p. 380.

21 .V. I. Laurent-Merle, « Le secret des données médicales et la protection de la vie privée : un secret de polichinelle ? », *Recueil Dalloz* 2000, p. 521.

L'absence de secret partagé dans la relation soignant/administration pénitentiaire

La notion de secret partagé est une création de la loi n° 2002-303 du 4 mars 2002[22]. Elle l'intègre au Code de la santé publique en son article L.1110-4. Mais la question d'un secret partagé entre l'administration pénitentiaire et les médecins n'a jamais fait l'objet d'une loi. Lors de sa conception, cette dérogation légale au secret professionnel est exclusive à la matière médicale, pour finalement s'étendre aux professions de l'action sociale. Elle peut prendre plusieurs formes. Comprise au sens strict, il sera question des dispositions légales faisant directement référence au secret partagé. Dans une acception plus large elle s'entend de toutes atteintes portées au secret qui *de facto* entraîne le partage de l'information.

L'intérêt du patient, fondement du « secret partagé » *stricto sensu*

Avant d'être étendue au domaine de l'action sociale le « secret partagé » est, à l'origine, réservé au cadre de la relation médicale. L'article L.1110-4 du Code de la santé publique[23] prévoit la possibilité pour des professionnels de santé d'échanger des informations relatives à une même personne prise en charge. L'objectif est ici d'assurer la continuité des soins ou de déterminer la meilleure prise en charge sanitaire possible. Dans le cadre d'un établissement de santé, les informations concernant le patient sont réputées confiées à l'ensemble de l'équipe.

Certaines conditions cumulatives sont nécessaires à sa mise en œuvre. Le consentement exprès du patient[24] doit être recueilli, et les professionnels concernés doivent adhérer à un même projet de santé[25]. Dans le but d'obtenir un consentement éclairé, la personne doit être « dûment informée », le consentement du patient pouvant être révoqué à tout moment. Au sein du système carcéral, cela correspond au cas où plusieurs membres d'une unité de consultation de soin ambulatoire partagent des informations.

---

22. Loi n° 2002-303 du 4 mars 2002 relative aux droits des malades et la qualité du système de santé.

23. L'article L. 1110-4 du CSP dispose que : « Deux ou plusieurs professionnels de santé peuvent toutefois, sauf opposition de la personne dûment avertie, échanger des informations relatives à une même personne prise en charge, afin d'assurer la continuité des soins ou de déterminer la meilleure prise en charge sanitaire possible ».

24. L'article L. 1110-4 du CSP dispose que le recueil du consentement peut se faire par tout moyen, y compris sous forme dématérialisée. Il est valable tant qu'il n'a pas été retiré selon les mêmes formes.

25. Le projet de santé est mentionné aux articles L. 6323-1 et L. 6323-3.

Créé pour les professionnels, le secret partagé est également instauré dans deux cas en vue de faciliter la communication avec les membres de la famille[26]. L'article L.1110-1 du Code de la santé publique prévoit ces hypothèses. L'une concerne le cas où est engagé un diagnostic ou un pronostic grave[27]. L'autre, attrait à la révélation d'informations concernant une personne décédée[28]. Jusqu'alors réservée au domaine médical, la loi du 5 mars 2007[29] étend la notion de secret partagé au domaine de l'action sociale en créant l'article 121-6-2 du Code de l'action sociale et familiale[30]. Tout comme l'article L.1110-4 du Code de la santé publique, il facilite la communication des professionnels intervenant auprès d'un même individu en ce qui concerne l'évaluation de la situation et la détermination des mesures nécessaires.

La relation soignant/administration pénitentiaire n'a pas fait l'objet de dispositions légales visant à mettre en place un secret partagé. Cependant, il faut s'interroger sur le point de savoir si les exceptions au secret médical ont vocation à s'appliquer, donnant ainsi un cadre légal au partage d'informations.

---

26. V. sur ce point M. Couturier, « Le secret médical : secret du patient ou secret de famille ? », *Droit de la famille* n°11, novembre 2005, p. 253.

27. L'article L. 1110-4 CSP dispose que « le secret médical ne s'oppose pas à ce que la famille, les proches de la personne malade ou la personne de confiance définie à l'article L. 1111-6 reçoivent les informations nécessaires destinées à leur permettre d'apporter un soutien direct à celle-ci, sauf opposition de sa part. » Seul un médecin est habilité à délivrer, ou à faire délivrer sous sa responsabilité, ces informations.

28. L'article L. 1110-4 CSP dispose que « Peuvent être délivrées à ses ayants droit, dans la mesure où elles leur sont nécessaires pour leur permettre de connaître les causes de la mort, de défendre la mémoire du défunt ou de faire valoir leurs droits, sauf volonté contraire exprimée par la personne avant son décès ».

29. Loi n°2007-297 du 5 mars 2007 relative à la prévention de la délinquance au secteur de l'action social.

30. « Par exception à l'article 226-13 du même code, les professionnels qui interviennent auprès d'une même personne ou d'une même famille sont autorisés à partager entre eux des informations à caractère secret, afin d'évaluer leur situation, de déterminer les mesures d'action sociale nécessaires et de les mettre en œuvre. Le coordonnateur a connaissance des informations ainsi transmises. Le partage de ces informations est limité à ce qui est strictement nécessaire à l'accomplissement de la mission d'action sociale.

Le professionnel intervenant seul dans les conditions prévues au premier alinéa ou le coordonnateur sont autorisés à révéler au maire et au président du conseil général, ou à leur représentant au sens des articles L. 2122-18 et L. 3221-3 du code général des collectivités territoriales, les informations confidentielles qui sont strictement nécessaires à l'exercice de leurs compétences. Les informations ainsi transmises ne peuvent être communiquées à des tiers sous peine des sanctions prévues à l'article 226-13 du code pénal ».

La révélation de l'infraction, fondement du « secret partagé » au sens large

Les atteintes au secret professionnel conduisent *de facto* à partager le secret. A la différence du « secret partagé » entendu au sens strict, le fondement n'est plus l'intérêt du patient mais, le plus souvent, la révélation de comportement constitutif d'une infraction. Se pose alors la question de savoir si les autorisations du Code pénal d'enfreindre le secret professionnel relèvent de la liberté de conscience ou de l'obligation légale.

La réponse ne se trouve pas dans la distinction faite par le législateur entre les autorisations et les obligations de révéler le secret. Dans les cas d'autorisations présentes à l'article 226-14 du Code pénal[31], la loi ne prévoit aucune sanction pour la non révélation. Concernant les cas où il existe une obligation de révéler, le secret professionnel apparaît comme un fait justificatif[32]. Le jeu des articles relatifs au secret professionnel et à la pénalisation de la non divulgation de certaines informations, conduit à mettre en place une objection de conscience[33]. Ce mécanisme est mis en place au travers des articles 434-1 prévoyant l'obligation de dénoncer un crime et 434-11 du code pénal relatif à la transmission d'informations concernant un innocent détenu. Au regard de la jurisprudence, seule la révélation de faits dont un mineur serait victime est contraignante pour le professionnel. Ainsi, le pro-

---

31. L'article 226-14 CP prévoit trois autorisations: « L'article 226-13 n'est pas applicable dans les cas où la loi impose ou autorise la révélation du secret. En outre, il n'est pas applicable :

1° A celui qui informe les autorités judiciaires, médicales ou administratives de privations ou de sévices, y compris lorsqu'il s'agit d'atteintes ou mutilations sexuelles, dont il a eu connaissance et qui ont été infligées à un mineur ou à une personne qui n'est pas en mesure de se protéger en raison de son âge ou de son incapacité physique ou psychique ;

2° Au médecin qui, avec l'accord de la victime, porte à la connaissance du procureur de la République les sévices ou privations qu'il a constatés, sur le plan physique ou psychique, dans l'exercice de sa profession et qui lui permettent de présumer que des violences physiques, sexuelles ou psychiques de toute nature ont été commises. Lorsque la victime est un mineur ou une personne qui n'est pas en mesure de se protéger en raison de son âge ou de son incapacité physique ou psychique, son accord n'est pas nécessaire.

3° Aux professionnels de la santé ou de l'action sociale qui informent le préfet et, à Paris, le préfet de police du caractère dangereux pour elles-mêmes ou pour autrui des personnes qui les consultent et dont ils savent qu'elles détiennent une arme ou qu'elles ont manifesté leur intention d'en acquérir une.

Le signalement aux autorités compétentes effectué dans les conditions prévues au présent article ne peut faire l'objet d'aucune sanction disciplinaire ».

32. V. F. Alt-Maes, « Un exemple de dépénalisation : la liberté de conscience accordée aux personnes tenues au secret professionnel », *Revue de science criminelle*, 1998, p. 304.

33. Ibid., p. 301.

fessionnel ayant connaissance de faits constitutifs d'une infraction commise sur la personne d'un mineur est dans l'obligation de les révéler[34] sous peine de sanction pénale. Il s'agirait des dénonciations de mauvais traitements sur mineurs, mais également sur personnes vulnérables prévues à article 434-3 du Code pénal.

L'inexistence d'un secret partagé de nature contraignante entre l'administration et les soignants intervenant en détention peut conduire à des situations de blocage[35] telle que la non participation des médecins à la commission pluridisciplinaire unique. Dans le but d'organiser la communication entre ces deux acteurs la loi relative à la rétention de sûreté[36] crée en 2008 le partage opérationnel d'informations précisé par une circulaire interministérielle du 21 juin 2012[37].

Le rôle du professionnel dans la mise en œuvre du partage opérationnel d'informations

Mis en œuvre de façon informelle depuis l'apparition du soignant en détention, le partage opérationnel d'informations entre soignants intervenant en milieu carcéral et administration pénitentiaire est consacré en 2008 par l'article L. 6145-5 du code de la santé publique. Problématique étroitement liée à la personnalité des professionnels en place, il est impossible d'établir un fonctionnement commun à l'ensemble des établissements pénitentiaires. Toutefois, certaines lignes directrices peuvent être dégagées au regard de la récente circulaire interministérielle qui tente de faire le point sur ce sujet.

Si le partage d'informations de l'administration pénitentiaire vers le soignant ne semble pas rencontrer de difficultés d'application, l'échange de données inverses, du soignant à l'administration, doit composer avec les contraintes du secret médical.

---

34. V. A. Prothais, « La dénonciation d'un viol dont est victime une enfant mineure », *Recueil Dalloz 1992*, p. 70.

35. V. M. Bessin et M.-H. Lechien, « *Soignants et malades incarcérés. Conditions, pratiques et usages des soins en prison.* », G.I.P. mission recherche droit et justice, novembre 2000.

36. Loi n° 2008-174 du 25 février 2008 relative à la rétention de sûreté et à la déclaration d'irresponsabilité pénale.

37. Circulaire interministérielle n° DGS/MC1/DGOS/R4/DAP/DPJJ/2012/94 du 21 juin 2012 relative aux recommandations nationales concernant la participation des professionnels de santé exerçant en milieu carcéral à la commission pluridisciplinaire unique prévue par l'article D90 du code de procédure pénale ou à la réunion de l'équipe pluridisciplinaire prévue par l'article D514 du même code et au partage d'information opérationnelles entre professionnels de santé et ceux de l'administration pénitentiaire et de la protection de la jeunesse.

De l'administration pénitentiaire au médecin : la réussite du partage d'informations

Si le médecin est souvent détenteur d'informations utiles pour l'administration pénitentiaire, l'inverse est également vrai. Dans l'optique d'améliorer la sécurité des personnes exerçant en milieu carcéral, la loi sur la rétention de sûreté consacre un devoir d'information de l'administration au profit du soignant. Prévu à l'article 717-1 du Code de procédure pénale, ce dernier dispose que « les agents et collaborateurs du service public pénitentiaire transmettent aux personnels de santé chargés de dispenser des soins aux détenus les informations utiles à la mise en œuvre des mesures de protection des personnes ».

Les données communiquées aux médecins peuvent être de deux natures différentes. D'une part, elles concernent l'organisation du soin, d'autre part, elles sont de nature à servir au soin.

La circulaire interministérielle nous apprend que les informations concernant la date de libération prévue ou prévisible importent plus que la situation pénale de l'individu. En effet, le soin en milieu carcéral s'organise à partir de la temporalité de la peine, elle n'en est pas pour autant sa limite. Le principe de continuité des soins prévu à l'article R.4127-47 du code de la santé publique impose aux soignants d'organiser avec les institutions du milieu libre le suivi du patient après sa sortie. Pour les mêmes raisons les informations concernant les dates d'extraction, mutations ou transferts d'un établissement à l'autre doivent être transmises.

Les surveillants possèdent également des informations pouvant être utiles aux soins. Etant en contact avec le détenu, ils sont les plus à même de communiquer au médecin les modifications ou anomalies de comportement en détention.

La possibilité pour l'administration pénitentiaire de communiquer des informations aux soignants résulte de la faiblesse de la contrainte attachée à son secret professionnel. A l'inverse, lorsque l'administration souhaite obtenir des données de la part du médecin, elle se heurte au mur du secret médical.

Du soignant à l'administration pénitentiaire : le mur du secret médical

La question du partage de données à caractère médical se complexifie à mesure que croissent les normes en charge de l'organiser. Le secret se présente alors comme un mur actionnable par le médecin dans son échange avec l'administration. Si aucune difficulté n'intervient lors de la transmission d'informations liées à la découverte d'un cas de maladie contagieuse[38], il n'en est pas de même pour chaque situation. En effet le législateur a fait le choix de construire un cadre aux communications du soignant sans pour autant revenir sur la notion de secret professionnel du médecin. La loi pénitentiaire[39], en son article 45, nous rappelle que l'administration pénitentiaire « respecte le droit au secret médical des personnes détenues ainsi que le secret de la consultation, dans le respect des troisième et quatrième alinéas de l'article L.6141-5 du Code de la santé publique ». Cet article laisse donc penser que le partage opérationnel d'informations prévu à l'article L.6141-5 du Code de la santé publique est une exception au secret professionnel. Mais celui-ci dispose que la transmission de l'information s'effectue « dans le respect des dispositions relatives au secret médical, ... ». Ainsi le secret professionnel demeure une potentielle contrainte dans l'échange entre les deux acteurs. Malgré cela, en cas de risque sérieux pour la sécurité des personnes, les personnels soignant sont tenus d'informer le directeur d'établissement dans les plus brefs délais. L'article L.6141-5 fait donc peser une double contrainte sur le soignant : d'une part, en créant une obligation d'information et d'autre part, en lui imposant de respecter le secret professionnel. Ce qui implique, selon Didier Houssin, Directeur général de la santé, que « le médecin, sans rien divulguer du diagnostic ni du traitement engagé, devra, dans un dialogue constructif avec les personnels pénitentiaires, évoquer les risques qui pèsent sur l'individu en termes de dangerosité (risque de suicide, risque d'agression sur des personnels ou sur des co-détenus) »[40]. Aucune sanction n'est cependant envisageable, l'évaluation de la dangerosité étant laissée à l'appréciation du soignant il conserve une marge suffisante pour mettre en œuvre le partage d'informations.

La loi ne prévoit que cet unique cas de partage d'informations. Toutefois la circulaire interministérielle apporte des précisions supplémentaires, plus que le contenu du texte se sont les conditions de mise en œuvre qui sont importantes. La contrainte du secret professionnel ne pouvant être levée, il est nécessaire d'avoir recours à des outils de communications suffisamment souples pour ne pas produire de blocage. Prenons l'exemple du cahier électronique de liaison, plus précisément de la partie qui peut être remplie par le soignant. Le choix disponible est alors de cocher ou non une case faisant directement référence à un diagnostic. Cette rigidité conduit les soignants à ne jamais le remplir. Cela ne signifie pas que l'information n'est pas trans-

---

38. Article D. 384-1 du code de procédure pénale.

39. Loi n° 2009-1436 du 24 novembre 2009 pénitentiaire.

40. Rapport fait au nom de la commission des lois constitutionnelles de la législation et de l'administration générale de la république sur le projet de loi (N° 442), relatif à la rétention de sûreté et à la déclaration d'irresponsabilité pénale pour cause de trouble mental, par M. George Fenech.

mise. Pour ce faire, ils utilisent les attestations prévues à l'article D.382 du Code de procédure pénale. Elles contiennent les renseignements strictement nécessaires à l'orientation du détenu ainsi qu'aux modifications ou aux aménagements du régime pénitentiaire justifié par l'état de santé.

Dans le cas où la réglementation sur le secret demeure inchangée, la spécificité de chaque couple soignant / directeur entrave les possibilités de mise en œuvre de mécanismes trop rigides. C'est donc dans l'informel et par une meilleure connaissance des contraintes de chaque profession que le partage d'informations peut aboutir.

10

La prise en charge des auteurs d'agression sexuelle

par Marlène Abondo

L'agression sexuelle, notamment lorsqu'elle atteint les plus vulnérables, et en particulier les enfants, cristallise à l'échelle d'une société les sentiments de peur, de rejet, voire de vengeance ou de haine. Partant, la récidive ou la réitération deviennent insupportables et il est attendu de l'institution judiciaire qu'elle s'assure, en sus de la peine à prononcer, de la neutralisation du criminel pour l'avenir. C'est dans cet objectif que le système de santé mentale est appelé à participer à la prévention de la récidive, probablement en raison du sentiment d'incompréhension des motifs de l'agression sexuelle. « Prise en charge des auteurs d'agression sexuelle » sont des termes usuellement employés mais qui, paradoxalement, ne soulignent pas, ou pas assez, la complexité qu'ils recouvrent. Cette complexité s'illustre pour chacun des termes de l'expression : les auteurs d'agression sexuelle et la prise en charge ; la connaissance des premiers influence fondamentalement la seconde.

Les auteurs d'agression sexuelle

Il s'agit au préalable de déterminer les contours de l'agression sexuelle. Elle se définit relativement aux normes juridiques en cours dans une société : l'agression sexuelle renvoie à une infraction pénale. Le paradoxe inhérent à cette définition est que l'infraction pénale, dès lors qu'elle est connue de la justice, n'est que la partie visible d'un phénomène sur laquelle se basent les inquiétudes sociétales. Si l'on considère, par exemple, les 2706 condamnations pour crime en 2010, les atteintes à la personne en constituaient 79%. Parmi ces dernières, 437 homicides volontaires, 354 coups et blessures volontaires et 1356 viols. Les condamnations pour délits étaient de 581 867 : 16,6% (96 829) concernaient les atteintes à la personne et 1,5% (8 883) les atteintes sexuelles. Si ces données chiffrées confortent l'idée d'une prévalence importante des infractions pénales sexuelles, on doit également considérer l'existence de faits qui n'ont pas abouti à une condamnation et ceux qui n'ont pas été portés à la connaissance de la justice. La classique métaphore de l'iceberg s'applique d'autant plus quand ces données chiffrées sont mises en perspective avec la réitération et la récidive légale. Le taux de réitération pour l'ensemble des délits était de 28,3% ; il était de 12,6% pour les atteintes aux mœurs. Pour les crimes, le taux de récidive légale était de 6%, 0,2% pour les viols[1]. Le taux de récidive légale pour les délits était de 11,1% ; 5% pour les délits sexuels. Néanmoins, cette appréciation partielle de l'ampleur potentielle de l'agression sexuelle apporte au moins une information quant à leurs auteurs : il s'agit en majorité d'hommes que ce soit pour les crimes (2 550) et les délits (526 575)[2].

Le catalogue des comportements sexuels pénalement réprimés est le reflet d'une hétérogénéité des auteurs d'agression sexuelle. Cette hétérogénéité s'apprécie à plusieurs niveaux en fonction des disciplines. Selon le type de victimes, on distingue les agresseurs sexuels d'adultes, d'enfants, de femmes adultes, d'hommes adultes ou encore les « cyber-agresseurs sexuels ». Ils peuvent aussi être distingués selon que l'agression a comporté ou non un contact avec la victime ou selon que la violence ait été unique ou répétée ou encore selon que la victime était connue ou inconnue de l'auteur… Afin de tenter d'embrasser cette hétérogénéité, plusieurs typologies ont été proposées, basées sur les caractéristiques des auteurs, leurs motivations, les facteurs de désinhibition, les caractéristiques de la victime et/ou le choix de la victime. Les plus connues et les plus anciennes sont par exemple les classifications de Groth (1979)[3] et Knight et Prentky (1990)[4] sur le viol de femmes adultes, Groth et al (1982)[5], Finkelhor (1984)[6], Knight et Prentky (1990) sur les agresseurs sexuels d'enfants, Matthews et al (1989)[7] sur les femmes au-

1. 2670 condamnés pour crimes en 2010 parmi lesquels 160 récidivistes. Parmi ces derniers, 55 récidivistes pour viols (Ministère de la Justice et des libertés. (2012). Annuaire statistique de la Justice : édition 2011-2012, Paris, La Documentation française).

2. Ministère de la Justice et des libertés. (2012). Annuaire statistique de la Justice : édition 2011-2012, Paris, La Documentation française.

3. V. A. N. Groth, (1979). *Men who rape: The psychology of the offender*. New York: Plenum Press.

4. V. R. A. Knight, & R. A. Prentky, (1990). *"Classifying sex offenders: The development and corroboration of taxonomic models."* In W. L. Marshall & H.E. Barbaree (Eds.), *Handbook of sexual assault: Issues, theories, and treatment of the offenders*. New York: Plenum Press.

5. V. A. N. Groth, Hobson, & Gary, T. S. (1982). "The child molester: Clinical observations." In J. Conte & D.A. Shore (Eds.), *Social work and child sexual abuse*. New York: Haworth.

6. V. D. Finkelhor, (1984). *Child sexual abuse*. New York: Free Press.

7. V. R. Matthews, J. K. Matthews, & K. Speltz, (1989), *Female sexual offenders: An empirical study*, Orwell, VT: The Safer Society Press.

teurs d'agression sexuelle, O'Brien et Bera (1986)[8] sur les mineurs auteurs d'agression sexuelle, ou encore McLaughlin (1998)[9] sur les cyber-agresseurs sexuels… Bien qu'elles soient utiles pour des raisons de « simplification » dans l'appréhension d'une population hétérogène en l'organisant en sous-groupes censés être plus homogènes, ces typologies n'arrivent toutefois pas à embrasser l'hétérogénéité primordiale des auteurs d'agression sexuelle en tant que groupe. Il en est de même lorsqu'on adopte une grille de lecture psychiatrique.

En psychiatrie, les auteurs d'agression sexuelle ne constituent pas un groupe homogène au regard de leur état de santé mentale. Ce constat tient d'abord – dans les limites de la diversité des comportements sexuels problématiques ou infractionnels – à l'origine des populations d'agresseurs étudiées dans la littérature : populations carcérales, hospitalières, ou ambulatoires. S'il est admis qu'il existe souvent une prévalence élevée de pathologies psychotiques et de troubles de la personnalité dans la population carcérale, ce consensus est à nuancer. Les troubles d'abus ou de dépendance à des substances psychoactives – l'alcool en premier – et le trouble de la personnalité de type antisocial auraient une prévalence plus grande que les troubles de l'humeur et les troubles psychotiques[10]. Lorsqu'on considère les auteurs d'agression sexuelle, sont le plus souvent constatés les troubles de l'humeur, des troubles de la personnalité, les paraphilies, le retard mental ou encore des troubles psychotiques[11]. La part respective de ces états mentaux est difficile à affirmer eu égard non seulement à l'origine de la population étudiée mais aussi à l'acception qui est donnée à la maladie mentale, et donc au système de référence nosographique. Malgré l'impossibilité de comparer les études de prévalence entre elles, il apparaît que les troubles de la personnalité, notamment la personnalité antisociale, les troubles anxieux, l'abus d'alcool et de drogue, les paraphilies et le retard mental notamment sont les états mentaux le plus souvent retrouvés. Les troubles de l'humeur seraient plus fréquents que les psychoses. Par exemple, la prévalence de la schizophrénie chez les auteurs d'agression sexuelle serait comprise entre 2 et 5%[12]. Si l'on

8. V. M. O'Brien, & W. H Bera, (1986). "Adolescent sexual offenders: A descriptive typology. Preventing Sexual Abuse", *A Newsletter of the National Family Life Education Network*, 1, pp. 2–4.

9. V. J. McLaughlin, (1998, Spring/Summer), "Technophilia: A modern day paraphilia. Knight stick", *Publication of the New Hampshire police association*, Vol. 51. (p. 47–51).

10. V. A. J. Beck, & L. M. Maruschak (2001), *Mental Health Treatment in state prisons*, 2000, Washington, DC: U.S. Department of Justice, Bureau of Justice Statistics.

11. V. J. D. Stinson, J. V. Becker (2011), Sexual offenders with serious mental illness: prevention, risk, and clinical concerns, *International Journal of Law and Psychiatry 34*, 239-245.

12. V. W. S. Packard, & R. Rosner (1985), "Psychiatric evaluation of sexual offenders", *Journal of Forensic Sciences*, 30, 715-720.

considère la maladie mentale dans son acception extensive (troubles de l'axe I du DSM-IV-TR[13]), on peut en conclure que les auteurs d'agression sexuelle se caractérisent par une « mauvaise » santé mentale, ce qui parait justifier le recours au système sanitaire. Mais les troubles de la personnalité et le retard mental (axe II du DSM-IV-TR) ne sont pas des troubles mentaux, les premiers étant les plus fréquemment retrouvés dans cette population que le second. Si l'on considère la maladie mentale selon une acception restrictive[14] – maladie mentale sévère –, sa prévalence diminue significativement, et l'on estime que 8 à 30% des auteurs d'agression sexuelle ne présenteraient aucune psychopathologie selon les systèmes de classification nosographique[15]. Cet aperçu des connaissances acquises confirme l'hétérogénéité clinique des auteurs d'agression sexuelle, dont la population se compose, par ordre de fréquence décroissant, de vulnérabilités psychologiques (qualité des processus développementaux et facteurs environnementaux), de troubles psychopathologiques (parmi lesquels les troubles de la personnalité, les paraphilies, le retard mental, l'abus de substances psychoactives) et de pathologies psychiatriques sévères (troubles de l'humeur et psychoses).

Cette hétérogénéité des auteurs d'agression sexuelle se manifeste enfin quant à leur niveau de risque de récidive. Ce potentiel de récidive est, de manière schématique, la résultante d'une combinaison de facteurs de risque statiques et dynamiques chez un individu donné, ayant ses caractéristiques propres à un moment donné de sa vie[16]. Ces éléments sont donc autant de variables à prendre en compte, et dès lors que les auteurs d'agression sexuelle ne constituent pas un groupe homogène, leur « prise en charge » ne peut logiquement être standardisée.

Prise en charge des auteurs d'agression sexuelle

Il importe au préalable de clarifier ce que l'on peut entendre par prise en charge. L'auteur d'agression sexuelle est une source inépuisable de questionnements : relève-t-il d'un « traitement », de « soins », qu'en attend-on et pour quel coût, qui doit s'en charger : institutions judiciaires, sanitaires, so-

13. V. *American psychiatric association (2003). DSM-IV-TR : manuel diagnostique et statistique des troubles mentaux,* Paris : Masson.

14. V. S. Hodgins, S.A. Mednick, P. A. Brennan, et al. (1996). "Mental disorder and crime evidence from a Danish birth cohort", *Archive of General Psychiatry*, vol. 53 n° 6, p. 489-96.

15. V. R. A. Prentky, A. W. Burgess (2000), *Forensic management of sexual offenders*, New York, Kluwer Academic/Plenum Publishers.

16. V. R. A. Prentky, A. W. Burgess (2000), *Forensic management of sexual offenders*, New York: Kluwer Academic/Plenum Publishers ; V. ég. K. Heilbrun, C. M. Nezu, Keeney M., Chung S., Wasserman A.L. (1998), Sexual offending: Linking assessment, intervention, and decision making, *Psychology, public policy, and law*, vol. 4 n° 1-2, p. 138-174.

ciales ou médico-sociales ? L'incarcération n'est pas la seule solution, le seul « traitement », mais que faut-il faire ? La réponse à ces questions impose préalablement de savoir si cette prise en charge relève d'un « traitement » ou de « soins », et si elle a pour objectif d'être « curative » et/ou préventive, mais sur quels critères ?

Un début de réponse peut être trouvé dans les termes de la question posée à la société lors de faits d'agression sexuelle : comment éviter la réitération[17] ? La détermination d'une prise en charge peut donc se déduire de deux finalités majeures : la prédiction et la diminution du risque de récidive. Eu égard à l'hétérogénéité de la population des agresseurs sexuels, niveau de risque compris, leur prise en charge doit donc s'entendre comme un terme générique recouvrant un processus. Ce processus a pour support les données acquises de la science – ce que l'on connaît et comprend des auteurs d'agression sexuelle – et les données empiriques – ce que l'expérience pratique observe et découvre. Ces deux supports sont liés l'un à l'autre. La complexité de l'agression sexuelle impose une spécialisation mais aussi une pluridisciplinarité en ce qu'elle signifie complémentarité. Schématiquement, ce processus est composé de trois étapes s'articulant logiquement : l'évaluation, la planification et le traitement.

L'évaluation, étape fondamentale, est une procédure formalisée de recueil d'informations selon plusieurs méthodes complémentaires : jugement clinique ou professionnel non structuré, semi structuré, échelles d'évaluation clinique, outils psychométriques… Ces méthodes varient selon la discipline d'appartenance des professionnels : juristes, psychiatres, psychologues, travailleurs sociaux, éducateurs… Pour les professionnels de santé mentale, le jugement professionnel devrait reposer sur le modèle bio-psycho-social, paradigme permettant d'appréhender l'être humain dans toutes ses composantes[18]. Les données à recueillir devraient concerner systématiquement les données « dossiers » et les informations auto-rapportées. Elles peuvent aussi inclure les informations psychométriques et psychophysiologiques (cliniques, paracliniques, actuarielles…). Il existe plusieurs manières de mener une évaluation selon la finalité poursuivie – à visée clinique, de prédiction, de gestion du risque[19] –, mais le principe commun et irréductible est que cette évaluation doit être globale, spécifique et la plus approfondie possible. Globalité et spécificité sont loin d'être antinomiques en matière

17. Non entendue ici dans un sens légal.

18. V. F. Grunberg, G. Massé, P. Lalonde, J. Aubut (1999), « Psychiatrie bio-psycho-sociale », In Lalonde P., Aubut J. Grunberg F., *Psychiatrie clinique. Une approche bio-psycho-sociale. Tome 1*, Montréal, G. Morin.

19. V. K. Heilbrun, C. M. Nezu, M. Keeney, S. Chung, A. L. Wasserman (1998), "Sexual offending: Linking assessment, intervention, and decision making", *Psychology, public policy, and law*, vol. 4 n° 1-2, p. 138-174.

d'évaluation. Pour illustration, l'évaluation peut s'appuyer sur la formulation de cas, technique permettant d'allier le raisonnement scientifique et des données d'observation et/ou d'archive. La formulation de cas consiste à produire des hypothèses sur la nature et les causes d'un problème[20] ; elle relie la théorie à la pratique. Son avantage est double. D'une part, elle permet de s'affranchir de la seule psychiatrie, notamment d'une approche diagnostique catégorielle, d'autre part, elle se focalise sur une démarche compréhensive de ce qui a amené le sujet à agresser (motivations, facteurs de renforcement, potentiels facteurs déclenchant ou déstabilisateurs ou encore protecteurs futurs). Elle permet de s'affranchir du seul objectif de prédiction en ce qu'elle autorise d'appréhender le sujet dans sa singularité en tenant compte des domaines de « traitement » identifiables… Elle offre aussi la possibilité d'être utilisée par une grande variété d'approches cliniques : cognitivo-comportementaliste, psychodynamique, systémique… La complémentarité, théoriquement inhérente à la pluridisciplinarité, trouve ici son utilité dans la mesure où la multiplication des perspectives permet de contrôler l'aspect transversal de l'évaluation et favorise une planification pertinente.

Cette deuxième étape du processus de prise en charge consiste à développer, créer, envisager des stratégies d'intervention selon des domaines identifiés et à définir leurs critères d'évaluation. Ces stratégies peuvent aussi consister en des décisions judiciaires (détention, libération conditionnelle, aménagements de peine…) et/ou cliniques (hospitalisation, sortie d'hospitalisation…). Cette étape est aussi importante que la première. L'envisager avec rigueur permet de limiter la tendance de chaque professionnel à se focaliser sur les informations ou domaines qu'il connaît le mieux. Ainsi, la planification peut être conceptualisée comme une forme de « carte » empirique comprenant stratégies d'intervention, recommandations et/ou préconisations qui seront mises en œuvre dans la phase de traitement proprement dite.

Le potentiel d'efficacité de la dernière phase de la prise en charge qu'est le traitement dépend bien évidement de la pertinence des étapes précédentes ; mais de quel traitement s'agit-il ? L'hétérogénéité de la population des agresseurs sexuels impose une « redéfinition » ou un retour à la signification étymologique du mot. Le traitement est « une manière d'agir avec quelqu'un », « de conduire une maladie, à l'effet soit de la guérir, soit d'en diminuer le danger, soit de calmer les souffrances qu'elle cause, soit d'atténuer ou de dissiper les suites qu'elles peut entraîner » ou est une « modification que l'on fait subir à quelque chose pour en transformer la na-

20. V. G. Butler (1998), Clinical formulation, In A.S.Bellack & M. E. Hersen (Eds.), *Comprehensive Clinical Psychology* (p. 1-23), New York: Pergamon Press.

ture »[21]. Bref, le traitement ne doit pas être compris dans une unique acception médicale ; il ne sous-entend pas « médicament ». Cela est d'autant plus vrai en ce qui concerne les auteurs d'agression sexuelle, dont on a montré qu'ils ne relèvent pas systématiquement de maladie mentale nécessitant un traitement médicamenteux. Le traitement se définit selon la finalité de la prise en charge : la réduction du risque de récidive, risque composite dans sa constitution. Cette réduction du risque passe par la mise en œuvre de mesures de contrôle et/ou de gestion du sujet. Le traitement peut donc s'entendre comme un panel d'interventions structurées – régimes de supervision judiciaire (détention, aménagements de peine, sursis avec mise à l'épreuve…), socio-éducatives, psychosociales, psychothérapiques, médicamenteuses… – mises en application de manière individuelle ou groupale et selon plusieurs orientations dans le champ de la santé mentale (psychodynamique, psychanalytique, cognitivo-comportementale…). Le choix du ou des traitements s'appréciera non seulement sur l'objectif poursuivi et mais aussi sur la singularité du sujet, ce qui justifie une nécessaire adaptation. Les conditions d'efficacité tiennent à la diversité, l'association des traitements, à leur adaptation dans le temps en réponse à des évaluations répétées et à l'évolution du sujet. Elles tiennent également compte des caractéristiques de l'auteur d'agression sexuelle : capacités de verbalisation, capacités d'élaboration, motivations pour le traitement, potentiel de désistance (support étayant, forces individuelles…) et de la durée de la prise en charge.

« Prendre en charge » une personne ou un problème suppose, chez celui qui « s'en charge » connaissance de la tâche et volonté de résolution. Prendre en charge un auteur d'agression sexuelle ajoute à ces deux conditions le processus dynamique qu'est la résolution d'un problème social plus ou moins judiciarisé : l'agression sexuelle. Le professionnel qui prend en charge a pour but d'apporter des solutions au « problème que constitue « l'état » d'auteur d'agression sexuelle relativement à la norme sociale dont il s'écarte[22].

---

21. V. Littré, Émile (2007), *Le Littré : le dictionnaire de référence de la langue française*, Paris, Le Figaro, Ed. Garnier, 20 vol.

22. V. K. Heilbrun, C. M. Nezu, Keeney M., Chung S., Wasserman A.L. (1998), "Sexual offending: Linking assessment, intervention, and decision making", *Psychology, public policy, and law*, vol. 4 n° 1-2, p. 138-174.

Références

Finkelhor, D. (1984). *Child sexual abuse*. New York: Free Press.

Groth, A. N. (1979). *Men who rape : The psychology of the offender.* New York: Plenum Press.

Groth, A. N., Hobson,W. F., & Gary, T. S. (1982). "The child molester: Clinical observations." In J. Conte & D.A. Shore (Eds.), *Social work and child sexual abuse*. New York: Haworth.

Heilbrun K., Nezu C.M., Keeney M., Chung S., Wasserman A.L. (1998). "Sexual offending: Linking assessment, intervention, and decision making". *Psychology, public policy, and law*, vol. 4 n° 1-2, p. 138-174.

Knight, R. A., & Prentky, R. A. (1990). "Classifying sex offenders: The development and corroboration of taxonomic models." In W. L. Marshall & H.E. Barbaree (Eds.), *Handbook of sexual assault: Issues, theories, and treatment of the offenders*. New York: Plenum Press.

Littré, Émile (2007). *Le Littré : le dictionnaire de référence de la langue française*. Paris : Le Figaro, Ed. Garnier, 20 vol.

Matthews, R., Matthews, J. K., & Speltz, K. (1989). *Female sexual offenders : An empirical study.* Orwell, VT: The Safer Society Press.

McLaughlin, J. (1998, Spring/Summer). *Technophilia: A modern day paraphilia. Knight stick*: Publication of the New Hampshire police association, Vol. 51. (p. 47–51).

Ministère de la Justice et des libertés (2012). *Annuaire statistique de la Justice* : édition 2011-2012. Paris : La Documentation française.

O'Brien, M., & Bera, W. H. (1986). *Adolescent sexual offenders: A descriptive typology. Preventing Sexual Abuse*: A Newsletter of the National Family Life Education Network, 1, p. 2–4.

Prentky R.A., Burgess A.W. (2000). *Forensic management of sexual offenders*. New York: Kluwer Academic/Plenum Publishers.

Pour aller plus loin :

Alish Y., Birger M., Manor N., Kertzman S., Zerzion M., Kotler M., Strous R.D. (2007). "Schizophrenia sex offenders: A clinical and epidemiological comparison study." *International journal of law and psychiatry*, vol. 30 n° 6, p. 459-466.

Hanson R.K., Yates P.M. (2013). "Psychological treatement of sex offenders". *Current psychiatry reports*, vol. 15 n° 2, 348.

Lanyon R.I. (2003). "Psychological assessment procedures in sex offending". *Professional psychology: research and practice*, vol. 32 n° 3, p. 253-260.

Stinson J.D., Becker, Judith V. (2011). "Sexual offenders with serious mental illness: Prevention, risk, and clinical concerns". *International journal of law and psychiatry*, vol. 34 n° 3, p. 239-245.

11

Soins palliatifs et prison

par A. Chassagne, E. Amzallag, A. Godard, R. Aubry

Depuis la loi de janvier 1994[1], la prise en charge sanitaire des personnes détenues est sous la responsabilité du ministère de la Santé qui prévoit trois niveaux d'accès aux soins[2] pour les personnes présentant des pathologies somatiques et/ou psychiques[3] en prison. Cette loi a permis d'améliorer la prise en charge médicale de la population carcérale, qui présente des caractéristiques sanitaires plus dégradées que la population générale à âge égal (Mouquet, 2005)[4], en leur donnant un accès aux services hospitaliers soit au sein même de la prison, soit en consultations à l'hôpital ou encore dans des unités hospitalières placées sous la surveillance du personnel de l'administration pénitentiaire (UHSI/UHSA). Cette situation hybride s'inscrit dans une évolution socio-historique à la fois du statut de détenu, et du statut de malade. Les changements du statut des personnes placées sous

1. Loi du 18/01/1994, n°94-43, relative à la santé publique et à la protection sociale, JO n°15, 19/01/1994. Et la circulaire du 8 décembre 1994 relative à la prise en charge sanitaire des détenus et à leur protection sociale, JO n°29, 3/02/1995, p 1859.

2. Une nouvelle dénomination des unités de soin en prison a été proposée dans le dernier guide méthodologique, Octobre 2012, in Prise en charge des personnes placées sous main de justice, guide méthodologique, ministère de la Santé-ministère de la Justice, 3ème version, Organisation du système de santé : les trois niveaux, P.116

Niveau 1 : regroupe les consultations, les prestations et activités ambulatoires.

Niveau 2 : regroupe les soins requérant une prise en charge à temps partiel. (Alternative à l'hospitalisation complète).

Niveau 3 : requérant une hospitalisation à temps complet.

3. Avant même 1994, le décret du 4 mars 1986 crée les Services médico psychologiques régionaux (SMPR) qui dépendent du secteur hospitalier public de psychiatrie.

4. Un premier bilan de la mise en œuvre de cette loi, effectué en 1996 a mis en évidence une nette amélioration de la qualité des soins (document non publié cité par Guérin, sept 2003, « La santé en prison », *adsp* n° 94)

main de justice (PPSMJ) passent par une reconnaissance de certains droits depuis une trentaine d'années [5](Mortet L, 2007, p.14-15) et depuis 1994 par le droit pour les personnes détenues d'accéder au soin dans des « *conditions équivalentes à celles dont bénéficie l'ensemble de la population* » (loi de 1994, loi pénitentiaire 2009). La loi du 4 mars 2002[6] rejoint cette préoccupation et instaure, entre autre, pour les personnes détenues gravement malades ou en fin de vie, la possibilité de suspendre leur peine pour se soigner à l'extérieur dans de meilleures conditions ou pour mourir hors des murs de la prison si telle est leur volonté *(Suspension de peine pour raisons médicales, art.720-1-1 du Code de procédure pénale)*. Ce dispositif au fondement humanitaire répondant au vide juridique mis en exergue dans l'affaire Papon, s'inscrit dans la continuité à la fois de l'évolution du droit du malade et du droit du détenu. De fait, se soigner en détention soulève des questionnements éthiques forts, particulièrement lors de situations médicales graves, qui viennent questionner le sens de la privation de liberté (Neverloff Dubbler, 1998). Une recherche clinique (PARME) menée au Centre Hospitalier Régional Universitaire (CHRU)[7] de Besançon, s'intéresse plus précisément, aux enjeux soulevés par la question de la fin de vie des personnes détenues dans les centres pénitentiaires français. Cette étude s'intéresse à l'application des droits de personnes vulnérables[8]dans un contexte politique et social soucieux des conditions de prise en charge de la fin de vie en France[9]. Les personnes malades détenues dont le pronostic vital est engagé présentent au moins deux formes de fragilités ici associées : celle de l'enfermement et celle de la maladie incurable.

L'objectif de cette recherche est double. Il s'agit premièrement de recenser et de décrire la population relevant de soins palliatifs en détention, et deuxièmement de comprendre le parcours d'exécution de peine des individus

---

5. Le décret de janvier 1983 supprime le costume pénal, améliore les parloirs, et instaure le droit à la correspondance. Concernant le droit d'accès aux soins, en 1983 le contrôle de la santé en prison est confié à l'IGAS, en 1984 un comité inter ministériel « justice-santé » est institué et des conventions sont passées entre les prisons et des hôpitaux pour prendre en charge les malades du Sida (1988).

6. Loi du 4/03/2002, n°2002-303, relative aux droits des malades et à la qualité du système de santé, JO n° 54, 05/03/2002.

7. Étude Parme : « Evaluation de la situation des personnes détenues relevant d'une démarche palliative dans les établissements pénitentiaires français », portée par Régis Aubry, Professeur, chef du service de soins palliatifs de Besançon et financé par la Fondation de France.

8. Au sujet de la vulnérabilité, voir les travaux d'Anne Simon in P. V. Tournier, (sous la direction), 2012, *Dialectique carcérale, Quand la prison résiste au changement*, L'harmattan, Paris, p 35-47.

9. Quelques études récentes : les français et la fin de vie, sondage IFOP septembre 2012 - Rapport Sicard issu d'une commission de réflexion sur la fin de vie en France, publié en décembre 2012, affirment que ces sujets préoccupent notre société.

concernés, notamment au regard de l'application de la suspension de peine pour raisons médicales. Dans ce but, il a été nécessaire de mettre en place une « méthode mixte »[10] composée de deux volets, un volet quantitatif et un second qualitatif. Le premier axe se fonde sur un recensement réalisé à partir de questionnaires adressés aux médecins consultant en prison. Cette étude épidémiologique doit permettre de pallier un manque de données car aucun chiffre n'existe sur les personnes en fin de vie et incarcérées. Le second axe mobilise une méthodologie qualitative dont le corpus contient des entretiens formels retranscrits, des notes de terrain et des documents variés (dossier médical, expertise). Cette démarche compréhensive se fonde sur des entretiens menés avec l'ensemble des acteurs intervenant dans la trajectoire médicale et pénale des individus inclus dans l'étude. L'enquête de faisabilité réalisée sur l'inter région lyonnaise entre novembre 2011 et octobre 2012 permet d'étendre l'étude à un niveau national en 2013 afin d'obtenir un recensement exhaustif des situations de fin de vie dans les prisons françaises[11], puis de comprendre le processus de soin et le cas échéant la mise en œuvre d'une suspension de peine pour raisons médicales, dans ce contexte spécifique qu'est la prison.

S'appuyant sur les premiers retours de terrain de l'enquête PARME, cet article cherchera à questionner *les enjeux médicaux, juridiques et éthiques des situations de personnes relevant de soins palliatifs en prison*.

Mort et prison

En France, le taux de mortalité en prison fluctue depuis 2005 entre 3,5 et 4,1‰. En 2011, il était de 3,5‰ avec 123 décès de « mort naturelle », 123 décès par suicide, et 3 homicides (Opale[12]). En 1997, une étude de Guillonneau et Kensey portant sur les causes de « *décès naturels* » dans les prisons françaises[13] montre qu'ils sont principalement dus à des maladies cardio-vasculaire (34%), des maladies infectieuses et parasitaires (18%), et des tumeurs (15%). Dans la population générale, on constate une augmentation du nombre de cas de cancer (+ 89%) et de la mortalité par cancer (+13%) entre 1980 et 2005 (Belot A., 2008), toutes deux liées à l'essor démographique et au vieillissement de la population française. La Cour des Comptes

10. Telle que définie par Karsenti et Savoie Sajc en sciences de l'éducation.

11. Les résultats nationaux du recensement feront l'objet d'une publication à l'issue de la collecte et de l'analyse des données.

12. V. P-V Tournier, OPALE : Observatoire des Prisons et autres lieux privatifs de liberté. Les statistiques de l'OPALE sont effectuées à partir des données fournies par l'administration pénitentiaires.

13. V. M. Guillonneau, A. Kensey, 1997, La santé en prison : un enjeu de santé publique, La mortalité en prison hors suicide, *Revue française des affaires sociales*, n°1 janvier-mars.

indiquait dans un rapport de 2010 que la population carcérale[14], bien que plus jeune que la population générale, suit une même évolution entraînant un vieillissement d'une population par ailleurs déjà fragile[15]. Ces caractéristiques sanitaires et démographiques vont dans le sens d'une hausse de l'incidence et des décès liés aux cancers au moins égale voire supérieure à celle de la population générale. Il n'existe pas actuellement en France de données épidémiologiques nationales descriptives de ce type de pathologies pour la population carcérale. Une étude menée à l'UHSI de Lyon sur les cancers broncho pulmonaires a montré que chez les personnes détenues, ces cancers sont plus fréquents, d'évolution plus rapide, et à des stades plus avancés au moment du diagnostic que dans la population générale (Carbonnaux M. et al, 2012). En outre, des recherches épidémiologiques américaines[16], comme celles de Lin et Mathew (2005, 2007), montrent que le nombre de diagnostics de cancer a augmenté dans les prisons du Texas entre 1980 et 1999[17]. Ils ajoutent que la prise en charge médicale dans un contexte d'enfermement réduirait l'accès à un dépistage précoce, à des thérapeutiques spécialisées ou encore à un traitement optimal de la douleur[18]. Certes, le système de soins est différent entre les prisons françaises et les prisons américaines. Cependant, il est à noter que quelque soit l'organisation mise en œuvre, la prise en charge des pathologies lourdes peut être rendue difficile du fait des contraintes de surveillance, et par la complexité de la trajectoire médicale. Le concept de trajectoire (Strauss, 1977) se réfère « *non seulement au développement physiologique de la maladie de tel patient mais également à toute l'organisation du travail déployée à suivre ce cours* »[19]. L'un des objectifs est la maîtrise de l'évolution de la maladie, et Strauss constate à travers ces enquêtes sociologiques que la trajectoire s'étend dans le temps et comporte des phases (période diagnostique, option thérapeutique). Quand l'évolution de la maladie met en jeu le pronostic vital, certains décès se pro-

14. Cour des Comptes, 2010, *Le service public pénitentiaire, « Prévenir la récidive. Gérer la vie carcérale. »*. Rapport public thématique.

15. Plusieurs articles : M-C. Mouquet, 2005 (mars),» ; M-C. Mouquet and al, 1999 (janv); P. Darbeda, mars-juin 1999, C. Hoffman Heath et E. Dickinson Georges, 2011 ; N. Neverloff Dubler, 1998.

16. La population carcérale américaine présente la particularité d'avoir connu une inflation semblable à celle de la population carcérale française : augmentation du nombre de personnes incarcérées et augmentation de la durée des peines.

17. De 1980 et 1999, le nombre d'individus dans les prisons du Texas a quintuplé, et le nombre de cancer diagnostiqués dans les prisons du Texas suit cette croissance. D'après une étude de Mathew, « Cancer in an incarcerated population », publiée en 2005.

18. V. J. Lin, P. Mathew, 2007, « Prison inmates and palliative care », JAMA.; 298(21):2481; authorreply 2481.

19. V. A. Strauss, *La trame de la négociation, Sociologie qualitative et interactionnisme*, textes réunis par I. Baszanger, 1992, Logiques Sociales, L'harmattan, p.143.

duisent après plusieurs semaines, voire plusieurs mois car « *mourir prend du temps* » (Strauss, 1977).

C'est pour permettre le temps du soin, ou le cas échéant le temps de mourir que la loi sur la suspension de peine pour raisons médicales a vu le jour. Depuis 2002, la suspension de peine pour raisons médicales a été accordée 650 fois pour 925 demandes (70 %)[20]. Les rapports disponibles actuellement ne donnent aucune indication précise et documentée sur les facteurs qui permettent d'obtenir une réponse favorable à cette demande, ou ceux qui ont été un obstacle pour les refus (30% des demandes). Que sont devenues les personnes dont la demande de suspension de peine pour raisons médicales a été refusée ? Ont-elles accédé à un autre aménagement de peine ou sont-elles mortes en prison ?

Dans ce contexte global, les questions éthiques de l'accompagnement des personnes en fin de vie, de la mise en place des soins palliatifs et du devenir de ces « patients-détenus » sont posées. La personne est-elle alors un patient ou un détenu ? Suivant les acteurs et les lieux, l'un des deux statuts prévaut, par conséquent nous emploierons le terme de « patient-détenu » qui renvoie aux deux regards posés sur la personne détenue malade.

Soins palliatifs et fin de vie

Depuis 1986 des unités de soins palliatifs[21] ont été mises en place dans les centres hospitaliers français avec des équipes qui interviennent aussi bien à domicile qu'en établissements sanitaires et sociaux. Les soins palliatifs s'adressent à toute personne souffrant de maladie grave, chronique, évolutive ou terminale mettant en jeu le pronostic vital, en phase avancée ou terminale[22] pour lesquelles l'objectif principal des traitements est la limitation des inconforts (en particulier le traitement de la douleur) et l'accompagnement de la souffrance des personnes confrontées à la maladie grave, que le pronostic vital soit engagé à court ou moyen terme. Ainsi les textes du 9 juin 1999 et du 22 avril 2005 relatifs au droit des malades et à la fin de vie' stipulent que « *Toute personne malade dont l'état le requiert a le droit d'accéder à des soins palliatifs et à un accompagnement* » (Art. L. 1er A) Et que « *les soins palliatifs sont des soins actifs et continus pratiqués par une équipe*

---

20. Bureau PMJ2, Direction de l'administration pénitentiaire, données transmises par les établissements pénitentiaires, rapport parlementaire, 2012.

21. Circulaire DGS/3D du 26 août 1986 « relative à l'organisation des soins et de l'accompagnement des malades en phase terminale » qui précise le rôle des Unités de Soins Palliatifs (USP) dans le dispositif de soin (lieu et temps de recours pour les situations les plus complexes) et le rôle des équipes mobiles de soins palliatifs qui peuvent intervenir en appui et soutien des équipes des UCSA et des UHSI.

22. Définition de la Société Française d'Accompagnement et de Soins Palliatifs. (SFAP)

interdisciplinaire en institution ou à domicile. Ils visent à soulager la douleur, à apaiser la souffrance psychique, à sauvegarder la dignité de la personne malade et à soutenir son entourage » (Art. L. 1er B)[23]. Ces droits dans la mesure où « *aucune personne ne peut faire l'objet de discriminations dans l'accès à la prévention ou aux soins.* » (Art. L1110-3 du CSP), doivent s'appliquer aux personnes détenues dans les établissements pénitentiaires.

D'ailleurs la loi pénitentiaire de 2009 rappelle le principe de « *la prise en charge de la santé des personnes détenues par le service public hospitalier dans les conditions prévues par le code de santé publique* » (art 1- loi pénitentiaire). De fait, les personnes détenues dont l'état de santé nécessite des soins palliatifs doivent pouvoir en bénéficier. Cependant en détention, comme l'avait si bien souligné le livre témoignage du Docteur Véronique Vasseur[24], les soignants sont souvent obligés de gérer l'urgence. Ainsi, l'organisation des soins mais aussi le manque de formation du personnel soignant aux soins palliatifs[25] rendent cet accès difficile. De plus, les contraintes du système de surveillance peuvent être un obstacle à l'organisation de ce soin spécifique puisque des règles sont imposées pour les ouvertures et fermetures des portes des cellules -des chambres- ou encore pour la fréquence des visites ou des parloirs[26].

Les situations de personnes détenues relevant de soins palliatifs produisent un système d'interactions complexe dans lequel chaque professionnel ajuste ses missions habituelles à un questionnement plus global relatif au droit de la personne. Ce questionnement entraîne des remises en question du fonctionnement habituel et des normes inhérentes aux lieux. Ce processus ne va pas de soi et peut provoquer des points de tensions puisque l'hôpital et la prison forment des mondes sociaux[27] relativement autonomes, régis chacun par des contraintes organisationnelles et des missions propres[28]. Par conséquent suivant le lieu et les acteurs, les contraintes varient. A titre d'illustration, dans une UHSI un « patient » en fin de vie a reçu les « vi-

23. Loi du 9 juin 1999, n°1999-477 visant à garantir le droit à l'accès aux soins palliatifs, JO n°132 du 10 juin 1999 et Loi n° 2005-370 du 22 avril2005 relative aux droits des malades et à la fin de vie, JO n°95 du 23 avril 2005.

24. V. Vasseur, 2000, *Médecin Chef à la prison de la Santé*, Le cherche midi éditeur.

25. Sur l'enquête de faisabilité, une question concernait la formation des professionnels de santé aux soins palliatifs. Les données recueillies pour une vingtaine d'établissements montrent que les médecins et les soignants n'ont pas reçu de formation spécifique pour cette prise en charge.

26. Les mots changent en fonction du lieu ; en prison, on parle de cellule et de parloir alors qu'à l'hôpital (UHSI) ce sont des chambres et des visites.

27. Au sens de H. S. Becker dans Les mondes de l'art.

28. Même si les travaux de P. Combessie sur la prison et d'A. Strauss sur l'hôpital peuvent se comparer à bien des égards, une organisation qui soigne des patients diffère d'une organisation qui surveille des détenus.

sites » de ses proches non pas dans le lieu identifié comme parloir mais dans sa chambre. Au sein des établissements pénitentiaires, ces négociations sont parfois peu possibles en raison de l'imperméabilité des lieux : certains sont destinés au public extérieur (parloirs pour les familles, salles de classe ou d'activités pour les intervenants) et d'autres ne leur sont tout simplement pas accessibles, en particulier les cellules. Ainsi, dans une unité sanitaire (UCSA) en prison, un professionnel explique qu'une personne ne pouvait pas recevoir de visite puisqu'elle ne pouvait pas se déplacer pour se rendre aux parloirs. Une famille peut entrer dans une chambre, pas dans une cellule. L'importance du vocabulaire employé ici transparaît : l'UHSI a des chambres, un établissement pénitentiaire a des cellules. Le tiraillement entre « détenu » et « patient » est ici visible. Parfois plus détenus que patients, notamment par l'utilisation des menottes lors d'hospitalisations ou de consultations dans les hôpitaux de proximité, parfois plus patients que détenus quand la famille peut se déplacer dans la chambre d'hôpital pour une visite. Ce double encadrement (hôpital et prison) est donc source d'une double qualification de la personne malade détenue. Cela empêche parfois la mise en place d'un travail commun entre les professionnels de l'administration pénitentiaire et les professionnels de la santé pour donner la possibilité au patient-détenu d'être perçu comme un sujet. Pourtant, les négociations évoquées précédemment ont pour objectif d'humaniser les conditions de vie de ces personnes placées sous écrou. Si l'amélioration des soins rend plus « acceptable » l'incarcération de personnes gravement malades, elle ne doit pas permettre de maintenir des personnes en prison. Les unités sanitaires (UCSA, UHSI) n'ont pas pour vocation de se substituer à d'autres services hospitaliers (unités de soins palliatifs, longs séjours) ou à des structures médico-sociales plus adaptés aux soins de fin de vie. Cela peut être perçu comme un des effets pervers de la loi de 1994 : mieux soigner mais aussi pouvoir soigner en prison. Ainsi, la création des UHSI rend compatible des états de santé particulièrement précaires avec l'incarcération. Néanmoins, ce lieu peut difficilement être celui d'une prise en charge palliative du fait de la difficulté à modifier l'organisation complexe relative au travail de surveillance des personnes placées sous main de Justice. De plus, les professionnels relatent l'importance pour la plupart des personnes détenues de passer leurs derniers instants « dehors » : « Quiconque a discuté avec un détenu qui se sait doublement condamné – à sa peine qui le retient et à sa vie qui lui échappe- sait que sa demande ultime est de mourir en liberté »[29] (Devoto, 1997). L'enquête PARME propose de questionner cette notion commune à de nombreux professionnels, en mettant en perspective le nombre de demande de suspension de peine et le taux de mortalité lié aux décès « naturels » dans les prisons françaises.

29. V. J-P. Devoto, *Les mourants en prison*, 1997, p. 225, cité par L. Mortet in La suspension médicale de peine.

Suspension de peine pour raisons médicales

Le 4 mars 2002, la loi n° 2002-303 relative aux droits des malades et à la qualité du système de soins crée la possibilité de suspension de peine pour raison médicale, aujourd'hui inscrite dans l'article 720-1-1 du CPP :

« Sauf s'il existe un risque grave de renouvellement de l'infraction, la suspension peut également être ordonnée, quelle que soit la nature de la peine ou la durée de la peine restant à subir, et pour une durée qui n'a pas à être déterminée, pour les condamnés dont il est établi qu'ils sont atteints d'une pathologie engageant le pronostic vital ou que leur état de santé est durablement incompatible avec le maintien en détention ».

Avant la mise en place de cet article, il existait déjà la possibilité d'une libération conditionnelle médicale ou d'une demande de « grâce médicale ». Toutefois ces deux dispositifs restaient limitatifs, le dernier dépendant de la sphère politique, et le premier établissant des critères d'éligibilité assez restrictifs[30]. La loi dite « Kouchner » de 2002 est née d'une volonté de simplifier l'accès aux soins en permettant à des personnes détenues malades de se soigner à l'extérieur dans de meilleures conditions puis de réintégrer la prison si leur état de santé s'améliorait. Parallèlement, ce dispositif marque aussi le souhait d'éviter que des personnes meurent en prison. Même si cette action signe une remarquable avancée d'un point de vue éthique, plusieurs points viennent relativiser cette dynamique humaniste. Tout d'abord, elle n'est pas accessible à toutes les personnes détenues : les personnes en détention provisoire, et les personnes atteintes de troubles mentaux en sont exclues (Mortet, 2007).

La procédure, pour suspendre la peine, s'appuie sur deux expertises médicales somatiques qui doivent être concordantes, et répondre à deux questions : le pronostic est-il engagé à court terme et/ou l'état de santé de la personne est-il incompatible avec la vie en détention ? Concernant les facteurs médicaux, l'académie de médecine interrogée par le ministère de la Justice en 2003 affirme l'impossibilité d'établir une liste des pathologies somatiques pouvant ouvrir un droit à la suspension de peine pour raisons médicales[31]. En outre, la jurisprudence précise que le pronostic vital doit être engagé « à

---

30. Un autre type d'aménagement possible dans la situation d'une personne détenue malade est la demande de libération conditionnelle « médicale » (pas d'écrou). Le volet médical reste infime dans ces demandes, ce sont les critères sociaux et pénaux qui priment. Au-delà des conditions générales d'obtention d'une libération conditionnelle (être à mi-peine ou au ¾ de la peine suivant la condamnation, avoir un logement, un projet de réinsertion).

31. V. *Rapport national de l'académie de médecine*, « Situations pathologiques pouvant relever d'une suspension de peine pour raison médicale, des personnes condamnées, suite à l'article 720-1-1 du code civil de procédure pénale, rapport au ministère de la santé, de la famille, et des personnes handicapées, sous la direction de D. Pellerin, décembre 2003.

court terme »[32](2005), ce qui réduit les possibilités d'accès à ce droit, et oblige les professionnels à évaluer le pronostic vital à court terme[33]. Lorsque ce pronostic est engagé à très court terme, la loi pénitentiaire prévoit une procédure d'urgence avec un allègement des conditions d'octroi.[34]

Face au nombre restreint de demande de suspension de peine (moins de 100 demandes par an en moyenne), plusieurs questions se posent. Les critères d'accès à ce droit sont-ils trop restrictifs comme l'affirme le Conseil Consultatif National d'Éthique (CCNE)[35] ? La procédure est-elle trop complexe et trop longue ? Cette mesure est-elle connue des personnes nues[36] ? Est-elle souhaitée par les personnes malades ou privilégient-elles un aménagement de peine quand elles le peuvent (libération conditionnelle, placement sous surveillance électronique (PSE), semi-liberté, placement extérieur) ?

Hormis les critères d'exclusion à la mesure de nature somatique, l'article n° 720-1-1 du Code de procédure pénal précise que cette mesure est applicable : « *Sauf s'il existe un risque grave de renouvellement de l'infraction* »[37]. Dans ce cadre, des expertises médicales sont complétées par une expertise psychiatrique ou psychologique (art D49-23) quand le requérant a été condamné pour des infractions visées à l'article 706-47 du CPP (meurtre ou assassinat d'un mineur, tortures, infractions d'agressions sexuelles à l'égard d'un mineur). L'expertise psychiatrique se prononce « *sur la dangerosité de la personne et les risques de récidive ou de commission d'une nou-*

32. Cour de cassation, chambre criminelle, 28/09/2005, n°de pourvoi 05-81010, in BC 2005, n°247, p.86.

33. Dans la littérature médicale la définition du « court terme » varie. Le professeur Barlet cité par Sandol-Roy parle de 1 à 3 ans, et d'autres évoquent 6 mois. *In* B. de Sandol-Roy La suspension de peine pour raison médicale. Droit, déontologie et soins, mars 2004, 54, no 1 : 4-15.

34. Loi pénitentiaire 2009 : « *en cas d'urgence, lorsque le pronostic vital est engagé, la suspension peut être ordonnée au vu d'un certificat médical établi par le médecin responsable de la structure sanitaire dans laquelle est pris en charge le détenu ou son remplaçant.* ».

35. CCNE. Avis n°94 : La santé et la médecine en prison. 2006, page 17.

36. Le guide méthodologique de 2012 rappelle la circulaire DHOS/DGS/DAP du 24 juillet 2003 qui précise que le médecin traitant de la personne envisage avec la personne détenue la possibilité d'une suspension de peine pour raison médicale dès lors qu'elle estime que son état de santé est tel qu'elle pourrait bénéficier de cette mesure.

37. Précision apportée par la loi du n°2005-1549 du 12 décembre 2005 relative au traitement de la récidive des infractions pénales, JO, 13 déc. 2005.

velle infraction »[38] , ne tenant pas compte de la précarité physique éventuelle.

Si la fonction utilitaire de l'enfermement perd son sens quand les personnes sont en fin de vie, il convient d'interroger à la fois la fonction « morale », mais aussi les institutions en présence qui empêcheraient dans certaines situations l'accès à ce droit. La mise en place de cette mesure soulève des tiraillements entre deux positionnements moraux et sociaux que sont la nécessité de permettre aux personnes détenues en fin de vie d'accéder à leurs droits en étant soignées dans la dignité[39], et celle de protéger la société et les victimes de personnes qui ont été condamnées pour crimes[40]. La notion de risque de récidive est au cœur de la décision. L'importance apportée à ce risque sera différente selon le type d'infractions commises. Et la perception de ce risque de récidive conditionnera l'accès à la suspension de peine. Ainsi, certaines personnes n'accèdent pas à ce droit et finissent leurs jours en prison, bien que ce lieu puisse difficilement être celui d'une prise en charge palliative. Dans ce cas, cela suppose que les professionnels du soin et de la surveillance coopèrent dans la mise en œuvre d'un accompagnement qui puisse prodiguer des soins de qualité et permettre aux personnes détenues en fin de vie de mourir dignement. De fait l'univers médico-carcéral ne doit pas « *abandonner le malade* » (Loeb, 2011). La fin de vie est un moment particulier (Aubry, Daydé, 2010), un temps à la fois de solitude et de retrouvailles avec ses proches. Pour autant, certains individus n'ont pas de famille, ou plus de proches à l'extérieur et leur vie sociale est en prison. Par conséquent : « *si le mourant privé de possibilité relationnelle à l'extérieur, est condamné à rester seul, il est préférable qu'il demeure dans la communauté des soignants pénitentiaires* » (Gonin, 1991). Cette idée est loin de faire consensus auprès des professionnels des unités sanitaires, de l'administration pénitentiaire et de l'institution judiciaire qui ont comme représentation de la mort « acceptable », celle qui se passe en dehors des murs de la prison. Cela correspond au souhait de « mourir libre » attribué généralement aux personnes détenues en fin de vie.

Les situations de fin de vie restent singulières, et la construction d'une demande de suspension de peine, ainsi que la prise en charge *intra muros* doivent permettre de respecter la volonté des hommes et des femmes con-

---

38. Décret n° 2007-1627 qui permet aussi au juge de demander au service d'insertion et de probation une synthèse socio-éducative du condamné, avant sa libération afin d'apprécier sa dangerosité et le risque de récidive.

39. A ce sujet le texte de Jean-Manuel Larralde « placement sous écrou et dignité de la personne » in Dialectique carcérale, Quand la prison s'ouvre au changement, sous la direction de Pierre V. Tournier.

40. V. I. R. Byock, 2002, « Dying well in corrections, why should we care? », *Journal of Correctionnal Health care*.

cernés. Cette construction suppose « *l'acceptation d'un investissement institutionnel judiciaire, pénitentiaire, et hospitalier pour permettre une mort libre ou non, respectant la singularité propre du patient détenu* » [41] (Laguarigue and al, 2012). Or, le droit de ne pas mourir en prison n'est pas applicable à tous, et nous en analyserons les obstacles dans l'étude PARME. La question de la fin de vie en prison est complexe, elle doit prendre en compte l'environnement familial et social des patients-détenus mais aussi les possibilités de collaboration entre le monde médical, le monde de la justice. N'est-il pas temps d'« assouplir »[42] la procédure d'accès à la suspension de peine pour permettre aux personnes qui le souhaitent de ne pas mourir en prison, et de se demander quel rôle joue la suspension de peine en urgence inscrite dans la loi pénitentiaire de 2009 ?

Références

Ouvrages et Articles :

Aubry R., Dayde M-C, 2010, *Soins palliatifs, éthique et fin de vie*, série soin, Lamarre.

Byock I.R., 2002, « Dying well in corrections, why should we care? », *Journal of Correctionnal Health Care*.

Carbonnaux M, Fossard G, Couraud S, Amzallag E, Pradat E, Perot E, Chossegros P, Souquet P. 2012, *Prisoners have lung cancer 10 years younger than other and they have a poor prognosis*, Medical Oncology, à paraître.

Darbeda P., mars-juin 1999, « Médecine et détenus », *Journal international de bioéthique*, n°1-2, pp. 35-45.

Gonin D., 1991, *La santé incarcérée, Médecine et conditions de vie en détention*, l'Archipel, Paris.

Guillonneau M., Kensey A., 1997, « La santé en prison : un enjeu de santé publique, La mortalité en prison hors suicide », *Revue française des affaires sociales,* n°1 janvier-mars.

Hoffman Heath C, et Dickinson George E. 2011. « Characteristic of prison hospice programs in the united states ». *American journal of hospice and palliative medecine* 28(4), pp. 245-252.

---

41. A.Lagarrigue, P Bayle, C. Nicolle, N.Telmont, D. Rouge, décembre 2012, « Détenu en fin de vie, la « bonne mort » à l'épreuve de la suspension de peine », revue de médecine légale, vol 3, n°4, pp146-150.

42. Propos de Mme Taubira à l'assemblée le 24 avril 2013, relaté par un article dans Libération.

Karsenti T., Savoie-Sajc L., (2000), *Introduction à la recherche en éducation,* Université de Sherbrooke, faculté d'éducation, éditions du CRP

Lagarrigue A., Bayle P., Nicolle C., Telmont N., Rouge D., décembre 2012, « Détenu en fin de vie, la « bonne mort » à l'épreuve de la suspension de peine », *Revue de médecine légale*, vol 3, n°4, pp146-150.

Lin J., Mathew P., 2007 (5 décembre), «Prison inmates and palliative care», JAMA, 298(21):2481; *authorreply 2481.*

Loeb S-J, Penrod J, Hollenbeack C-S, Smith C-A, 2001, "End-of-life Care and Barriers for female Inmates", *J Obstet Gynecol Neonatal Nurs*; 40(4) : 477-485, doi: 10.1111/j.1552-6909.2011.01260.x.

Mortet L., 2007, *La suspension médicale de peine*, Paris, l'Harmattan, Sciences criminelles.

Mouquet M-C, 2005 (mars), « La santé des personnes entrées en prison en 2003 », *Études et résultats*, n°386, DREES.

Mouquet M-C, Dumont M., Bonnevie M-C, 1999 (janvier), « La santé à l'entrée en prison, un cumul des facteurs de risques », *Études et résultats*, n°4, DREES.

Neverloff Dubler N., 1998, « The collision of confinement and care: end of life care in prison jails. », *Journal of Law*, Medicine and Ethics, n°26, American society of Law, Medicine and Ethics, pp. 149-156.

OPALE : http://pierre-victortournier.blogspot.fr/p/opale.html

Strauss A, *La trame de la négociation, Sociologie qualitative et interactionnisme, textes réunis par I.Baszanger*, 1992, Logiques Sociales, L'Harmattan.

Tournier P-V., (sous la direction), 2012, *Dialectique carcérale*, Quand la prison résiste au changement, L'Harmattan, Paris.

Vasseur V, 2000, *Médecin Chef à la prison de la Santé*, Le cherche midi éditeur.

Rapports :

Rapport national de l'académie de médecine, « *Situations pathologiques pouvant relever d'une suspension de peine pour raison médicale, des personnes condamnées, suite à l'article 720-1-1 du code civil de procédure pénale*, rapport au ministère de la santé, de la famille, et des personnes handicapées, sous la direction de D. PELLERIN, décembre 2003.

COUR DES COMPTES, 2010, *Le service public pénitentiaire, « Prévenir la récidive. Gérer la vie carcérale. »*. Rapport public thématique.

Estimation nationale de l'incidence et de la mortalité par cancer en France entre 1080 et 2005, Aurélien Belot, Michel Velten, p. Grosclaude, N.Bossard, G.Launoy, L.Remontet, E.Benhamou, L.Chérie-Challine et al., 2008, in Maladies chroniques et traumatismes, institut de veille sanitaire, et hospices civiles de Lyon. Consulté le 4 avril sur picadmed.com

Prise en charge des personnes placées sous main de justice, guide méthodologique, ministère de la Santé-ministère de la Justice, 3ème version, octobre 2012.

12

Les contraintes de sécurité limitent-elles les possibilités de soins pour les patients soignés en UHSI ?

par Régis Bedry

La loi n° 94-43 du 18 janvier 1994 relative à la santé publique et à la protection sociale a permis le transfert de la prise en charge des soins aux détenus de l'administration pénitentiaire (AP) au service public hospitalier. Son objectif : assurer aux personnes détenues une qualité et une continuité des soins équivalentes à celles offertes à la population générale. Elle a ainsi permis la création des Unités de consultations et de soins ambulatoires (UCSA) dans chaque établissement pénitentiaire (ETP), et l'affiliation des personnes détenues au régime général de la sécurité sociale. La prise en charge sanitaire des détenus a été complétée par la création de deux autres entités : 1) les chambres sécurisées permettent la prise en charge des hospitalisations urgentes ou de courte durée (circulaire du 26 mars 2006) dans les hôpitaux de rattachement des ETP, et 2) les Unités hospitalières sécurisées interrégionales (UHSI), services hospitaliers à part entière destinés aux hospitalisations de plus longue durée (arrêté du 24 août 2000, note interministérielle du 3 mars 2004). La répartition géographique des UHSI est calquée sur la carte des interrégions pénitentiaires (1). Ainsi sept UHSI sont implantées dans des Centres Hospitaliers Universitaires (CHU), sur les 8 prévues (Bordeaux, Lille, Paris, Lyon, Nancy, Marseille, Toulouse. L'UHSI de Rennes devrait ouvrir en novembre 2012. Ces services sont prévus pour totaliser 170 lits de soins « aigus » et 52 lits de soins de suite et de réadaptation (dont l'établissement hospitalier de Fresnes).

Le parcours de soins d'un détenu – Rôle des UHSI

1/ Hospitalisation programmée : un problème de santé amène un détenu à consulter un médecin à l'UCSA. Si celui-ci estime qu'une hospitalisation est nécessaire, une demande d'admission est faite à l'hôpital de proximité, et si possible en chambre sécurisée (si la durée prévisible d'hospitalisation est inférieure à 48h) ou à l'UHSI de référence (hospitalisation supérieure à 48 h ou manque de plateau technique adapté dans l'hôpital de proximité).

2/ Hospitalisation en urgence : un détenu est adressé en urgence à l'hôpital de proximité, soit les soins sont donnés sur place et un retour en détention est réalisé en moins de 48 h, soit il est transféré de l'hôpital à l'UHSI (hospitalisation supérieure à 48 h ou manque de plateau technique adapté dans l'hôpital de proximité). Si l'urgence concerne des soins très spécialisés (réanimation, brûlure étendue, neurochirurgie, etc.), le patient est adressé à l'hôpital disposant des moyens appropriés (en général un CHU) après les premiers soins d'urgence. Lorsqu'il n'a plus besoin de soins spécialisés, le patient est adressé à l'UHSI si une hospitalisation est encore nécessaire ou retourne directement en détention.

Quel que soit l'endroit où est admis le patient détenu, les médecins n'ont jamais accès au dossier pénal du patient, et aucun élément du dossier médical ou des entretiens avec les personnels de santé n'est transmis à l'administration pénitentiaire, hormis les dérogations au secret médical prévues par la loi (article 226-14 du Code pénal, L. 6141-5 du CSP).

Le secret professionnel est l'un des fondements de la relation de soins (Guide méthodologique 2012, articles 226-13 du Code Pénal, R. 4127-4 du Code de la santé publique): la relation entre la personne détenue et les personnels soignants est fondée sur la confiance. Sauf dérogation prévue par la loi, le secret est opposable à toute autorité, même si cette autorité est elle-même astreinte au secret professionnel. Ce secret comprend toutes les informations concernant la sphère privée venues à la connaissance du médecin dans l'exercice de ses fonctions, que ces informations soient ou non d'ordre médical. Le secret s'impose également aux infirmières (article R. 4312-4 du CSP), chirurgiens-dentistes (R. 4127-206), pharmaciens (R. 4235-5) et sages-femmes (R. 4127-303) ainsi que les étudiants de ces disciplines.

Les UHSI ne prennent en charge que les problèmes somatiques des détenus, qu'ils soient d'ordre médical ou chirurgical. Ce sont des services de courte durée, qui n'ont pas vocation à admettre des patients pour de longs séjours (il existe pour cela des services dits de « moyens séjours » et de « longs séjours »). Lorsque le motif d'admission est uniquement d'ordre psychiatrique, le patient est adressé en Unité hospitalière spécialement aménagée (UHSA, 2 en France actuellement = équivalent des UHSI en hôpital psychiatrique). De même, les détenus qui sont en permission, en mesure de semi-liberté, ou placés sous bracelet électronique, ne peuvent être adressés à l'UHSI mais vont à l'hôpital général ; les personnes mises en garde à vue (mesure policière et non judiciaire) ne peuvent être adressés à l'UHSI qu'à partir de leur mise sous mandat de dépôt.

A titre d'exemple, l'UHSI de Bordeaux prend en charge les détenus en provenance des établissements pénitentiaires ou des hôpitaux de proximité de l'interrégion pénitentiaire Poitou-Charentes – Aquitaine – Limousin, d'une autre UHSI, ou exceptionnellement d'un établissement pénitentiaire d'une autre interrégion.

Les demandes d'hospitalisation ne peuvent être faites que par un médecin (d'un ETP ou d'un hôpital) et acceptées (ou refusées) par l'un des médecins de l'UHSI (un médecin est d'astreinte et joignable 24 h / 24), à l'exclusion de tout autre professionnel de l'administration pénitentiaire, de la justice ou de la police.

L'organisation pratique de l'hospitalisation est réalisée comme suit : le médecin demandeur adresse un courrier par fax à l'UHSI, mentionnant la demande exacte (avis diagnostique, réalisation d'examens complémentaires, mise en place d'un traitement médical ou chirurgical) et les examens déjà réalisés. Le médecin de l'UHSI établit un tableau de programmation de l'hospitalisation qui reprend les examens demandés et en rajoute d'autres si besoin. Les rendez-vous sont pris dans les différents secrétariats, de telle manière que tout peut être réalisé au cours d'une même hospitalisation (si ce n'est pas possible, plusieurs hospitalisations sont programmées). Une fois la planification établie, une date d'admission est transmise au médecin demandeur, au responsable AP de l'UHSI (qui va transmettre la demande à la DISP et organiser l'escorte, ce qui demande un délai de 8 jours à prévoir également), et au greffe de l'ETP du patient. En cas de problème (extraction judiciaire, libération, refus du patient…) l'hospitalisation est repoussée (ce qui implique la reprise des rendez-vous) ou annulée.

Lorsque le patient arrive à l'UHSI, après une mise sous écrou au niveau de l'établissement pénitentiaire de rattachement et une fouille d'entrée, il bénéficie des soins prévus dans la programmation ainsi que de la possibilité d'une consultation avec différents professionnels paramédicaux présents dans le service (à Bordeaux) : diététicienne (particulièrement important pour les patients diabétiques et/ou hypercholestérolémiques), psychologue (tous les patients sont vus systématiquement), kinésithérapeute si besoin, assistante sociale. Le personnel soignant de l'UHSI est formé aux conditions sécuritaires entourant les soins aux prisonniers, et lorsque c'est possible les consultations de spécialistes ont lieu à l'intérieur même du service, pour des raisons évidentes de sécurité.

Un bilan hebdomadaire des différentes problématiques sanitaires est réalisé au cours d'un staff pluridisciplinaire, ce qui permet une vision globale des problèmes de santé posés par les patients et un véritable travail en commun.

Sur le plan pénitentiaire, les patients détenus ont la possibilité de voir un conseiller pénitentiaire d'insertion et de probation (CPIP), d'avoir des parloirs, une cantine (non alimentaire) et de bénéficier du téléphone.

Une réunion de synthèse médico-sociale a lieu tous les mois avec le CPIP, l'assistante sociale, un médecin, le cadre de santé et un des officiers de l'administration pénitentiaire, afin d'étudier toutes les problématiques sociales (nouvelles de l'état de santé aux familles, état des demandes d'aménagement de peine pour raison médicale, préparation à la sortie sur le plan social, problèmes de sécurité sociale, etc.).

L'interdiction de fumer à l'UHSI de Bordeaux peut être compensée par la mise en place de substituts nicotiniques, par contre l'absence de « promenade » est vécue difficilement par les patients.

A Bordeaux, les patients proviennent surtout des centres de détention et des maisons centrales (patients plus âgés qu'en maison d'arrêt, longues peines) : environ 45% des patients provenant de ces centres sont hospitalisés à plusieurs reprises, dans la même année, à l'UHSI. Les pathologies les plus fréquemment rencontrées en UHSI concernent les cancers : ils représentent à Bordeaux environ 30 à 35% des hospitalisations. Une particularité par rapport à la population générale est la découverte très fréquente de cancers déjà à un stade très évolué (avec diffusion générale dans l'organisme sous forme de métastases). L'excellent travail de dépistage des UCSA, notamment lors des visites médicales de détenus « entrants » doit être souligné ici. Ensuite on note une forte prévalence de patients soufrant de diabète, de pathologies en relation avec le tabac (artérite des membres inférieurs, bronchite chronique, infarctus du myocarde, etc.). Ensuite, viennent les problèmes de soins dentaires (extractions dentaires multiples), de septoplastie (chirurgie des os du nez, souvent après une rixe), de ligamentoplastie des genoux (chirurgie du ligament croisé antérieur, redouté chez tous les sportifs). La prise en charge somatique de ces patients est souvent compliquée par 1) les problèmes psychologiques, voire psychiatriques, qui rendent difficile le respect de certaines consignes d'hygiène, de rééducation, 2) la consommation de drogues en détention, y compris le tabac, qui n'est plus possible à l'hôpital et peut entraîner des syndromes de sevrage. Ceux-ci obligent quelquefois à stopper la prise en charge hospitalière, le patient étant incapable de se contrôler et refusant tout soin tant qu'il n'est pas sorti.

La sortie du patient de l'UHSI est réalisée soit vers un établissement pénitentiaire (le plus souvent, en tenant compte du fait que l'état de santé du patient doit être encore plus consolidé que s'il partait à son domicile), soit vers un autre service hospitalier (exemple : UHSA, Unité de soins palliatifs), soit à domicile s'il est libéré. Dans ce dernier cas, une fois l'ordre de mise en liberté parvenu au responsable pénitentiaire de l'UHSI, le patient doit sortir du service dans un délai très court (de l'ordre de 6 heures) quel que soit son état clinique, sauf s'il manifeste par écrit son accord pour rester une nuit de plus dans le service.

Enfin, l'efficacité de la récente mise en place des UHSI a été évaluée par une mission commune de l'Inspection générale des affaires sanitaires (IGAS) et de la Chancellerie en juin 2011. Son rapport est disponible sur le site de la documentation française (2). En résumé, il en ressort qu'il n'y a pas de comparaison directe possible avec le secteur hospitalier général, du fait des contraintes spécifiques. Si les capacités autorisées étaient fixées (rapport IGAS 1995, sur une projection de la population pénale en 2001) à une durée moyenne de séjour (DMS) de 8 jours et un taux d'occupation des services à 70% de leur capacité maximale, les DMS constatées entre 2007 et 2010 varient de 11,2 à 8,2 jours et les taux d'occupation de 69 à 56% pour la même période. La diminution des DMS amène automatiquement à une diminution parallèle du taux d'occupation, malgré une augmentation du nombre de séjours de 125%. L'analyse aboutit à un paradoxe : la morbidité est plus importante en milieu carcéral que dans la population générale, mais le taux d'hospitalisation est inférieur de 8 à 10% par rapport à cette même population. Plus précisément, ce taux est inférieur en maison d'arrêt (par rapport à la population générale) et supérieur en centre de détention et en maison centrale. L'explication proposée est que la plupart des durées de peine sont courtes et les détenus préfèrent attendre d'être libérés pour se soigner.

Si l'activité réalisée dans ces UHSI est conforme à ce qui était prévu (pathologies prises en charge correspondant bien à la mission de polyvalence, apport reconnu par les acteurs de terrain), il ressort cependant que les patients ont un mauvais vécu de l'hospitalisation en UHSI : pas à cause des soins mais par l'absence de possibilité de fumer, de se promener et d'avoir des contacts avec d'autres détenus, c'est-à-dire une diminution des rares « espaces de liberté » qu'ils ont en prison.

Les contraintes de sécurité limitent-elles les possibilités de soins pour les patients soignés en UHSI ?

Les UHSI sont difficilement comparables entre elles, du fait de la disparité du recrutement (certains ont beaucoup de cancérologie, d'autres des problèmes médicaux différents), des organisations médicales et pénitentiaires, de la proximité des UCSA ou d'autres établissements hospitaliers.

Au CHU de Bordeaux l'arrivée de « la prison » dans les hôpitaux a été, dans un premier temps, vécue difficilement par les deux administrations sanitaires et pénitentiaires : chaque administration a sa propre logique de fonctionnement, son organisation, et certaines conceptions peuvent s'opposer.

Ainsi du côté hospitalier : les médecins ont une obligation de moyens, pas de résultat (nous devons mettre à profit toutes les possibilités diagnostiques et thérapeutiques auxquelles nous avons accès, sans garantie de résultat). La complexité des maladies et des patients nous obligent à une adaptation constante de ce que nous avions prévu dans la programmation initiale. Il en ressort de nombreuses modifications de rendez-vous, de thérapeutiques, d'organisation du suivi des patients, et de toutes façons la nécessité d'un accès rapide tant au patient qu'aux différents services de l'hôpital. De même l'organisation de l'hôpital est identique le jour et la nuit (il est ainsi possible d'obtenir un scanner, une consultation de spécialiste ou un bloc opératoire en pleine nuit, selon le degré d'urgence). Pour nous, le maître mot est : la santé du patient avant tout. Il est inconcevable qu'un détenu soit hospitalisé à l'UHSI et ne puisse bénéficier des soins prévus ou imprévus, pour des raisons de sécurité.

Le côté pénitentiaire, vu par le monde hospitalier, montre un fonctionnement très différent : il existe une obligation de résultat (il est inconcevable qu'un détenu puisse s'échapper). Cela nécessite donc un fonctionnement très précis, protocolisé, où l'improvisation n'a pratiquement pas de place et où la circulation du détenu en dehors de l'UHSI doit être limitée au maximum. Si elle est nécessaire, cette circulation (appelée « mouvement » ou « extraction », c'est dire la difficulté) doit être encadrée par une escorte et un maximum de sécurité. Le maître mot est : la sécurité avant tout. Enfin, l'organisation pénitentiaire distingue de façon très nette le jour et la nuit, en termes de personnel affecté à l'UHSI et de mobilisation éventuelle des surveillants en cas de nécessité d'extraction en urgence.

En confrontant ces deux logiques, il semble inévitable que des problèmes surviennent à propos de la prise en charge des patients détenus dans une UHSI, comme sans doute, dans un hôpital de proximité. C'est pourquoi une convention et un règlement intérieur sont indispensables pour fixer « dans le marbre » les prérogatives et responsabilités de chacun des acteurs de terrain. Un tel accord a été ainsi réalisé en mai 2006, puis modifié en septembre 2011 à l'UHSI de Bordeaux. La plupart des situations qui pourraient nous opposer trouvent ici une solution, ce qui aide grandement à la résolution des éventuelles oppositions (assez rares heureusement). Malgré tout la communication doit être permanente, dans le respect des missions de chacun, entre les responsables sanitaires et pénitentiaires des UHSI. C'est le seul moyen de trouver une solution aux contraintes respectives qui peuvent s'opposer dans la prise en charge d'un patient.

Même si les choses semblent bien encadrées et malgré les efforts réels réalisés par les équipes pénitentiaires affectées à l'UHSI, il persiste des éléments qui posent problème aux acteurs de soins en milieu hospitalier. Certains de ces problèmes, en tout cas ressentis comme tels à l'UHSI de Bordeaux, sont les suivants :

- La vie en détention semble être reproduite, en partie, à l'hôpital sans tenir compte suffisamment de l'état de santé des patients:

o Le principe de base est que les portes soient fermées à clef (comme en maison d'arrêt), ouvertes uniquement par un surveillant pénitentiaire. Celui-ci ne peut ouvrir qu'un nombre limité de portes en même temps, ou peut être affecté à d'autres tâches (fouille, vérification des barreaux des fenêtres, tâche administrative, périodes de repas). Le nombre des surveillants n'étant pas extensible dans le service malgré la coopération évidente des responsables de terrain, l'accès aux patients du service reste limité pour le personnel soignant au regard des besoins (sauf urgence vitale ou demande particulière : surveillance d'une transfusion, chimiothérapie, etc.). Les conséquences, du côté soignant, sont un report presque quotidien de certaines consultations (psychologue, diététicienne, assistante sociale, kinésithérapeute, etc.) d'un jour sur l'autre, ce qui est un facteur d'allongement des durées d'hospitalisation. Cette difficulté est majorée la nuit où le nombre de surveillants est limité au minimum. Une des conséquences est qu'en cas d'urgence nocturne (scanner, un bloc opératoire ou un service de réanimation) l'extraction du patient est réalisée par l'équipe en poste à l'UHSI, ce qui va encore limiter les accès aux autres patients.

o Les possibilités d'ouverture des fenêtres des chambres sont limitées à quelques heures dans la journée, jamais la nuit. La température monte régulièrement à plus de 40°C dans les chambres l'été, et ce qui peut être difficile en détention est délétère à l'hôpital en raison de l'état de santé de certains patients. Malgré un assouplissement de cette règle (sauf la nuit) par l'administration pénitentiaire depuis un an, nous sommes loin de ce qui est possible de faire en service de soins à l'hôpital.

o En cas de risque suicidaire d'un patient, l'administration pénitentiaire maintient une surveillance particulière malgré la prise en charge médicale (qui comprend également une telle surveillance). Il existe donc une double surveillance, qui n'est pas forcément un plus pour le patient.

Les extractions sur le plateau technique du CHU (consultation, examen complémentaire, intervention chirurgicale) sont réalisées avec une escorte pénitentiaire, les patients étant presque systématiquement menottés et entravés (sauf les personnes âgées de plus de 70 ans et les femmes enceintes, et en cas de contre-indication médicale attestée par un certificat):

- Les escortes pénitentiaires restent, dans la majorité des cas, présentes lors de la consultation médicale. Ceci contrevient à l'article L. 1110-4 du Code de la santé publique qui prévoit que : *« toute personne prise en charge par un professionnel, un établissement, un réseau de santé ou tout autre organisme participant à la prévention et aux soins a droit au respect de sa vie privée et du secret des informations la concernant. »* et à la confidentialité de la relation médecin-malade exposée plus haut. Quelle serait l'attitude d'un surveillant qui entendrait, dans ces conditions, le patient dire au médecin qu'il a pris de la cocaïne avant de venir à l'hôpital ? Doit-il garder pour lui cette information ou la remonter à son supérieur hiérarchique ? Quel que soit la réponse, la présence de cette tierce personne aura systématiquement un impact sur ce que va confier le patient au médecin : il cachera des informations qui auraient sans doute été utiles à sa prise en charge médicale.

- Les extractions sur le plateau technique ne sont possibles que dans un cadre horaire fixe et non modifiable des escortes sauf urgence (7h30 – 17h30 personnel rentré et désarmé), du fait de l'organisation du travail pénitentiaire. Toutefois, en cas de consultation ou d'examen qui se prolonge de façon inopinée au-delà de l'horaire de débauche, l'escorte reste sur place. Certains rendez-vous tardifs d'examens ou de consultations, souvent pris au dernier moment (du fait des fréquentes adaptations des demandes en fonction de l'état des patients) doivent être repoussés, ce qui est également un facteur d'allongement des hospitalisations. Malgré tout, des exceptions restent possibles et des dérogations ont pu avoir lieu (examen indispensable totalement impossible à programmer dans un horaire compatible avec les horaires sus-cités).

Du fait de l'impossibilité, pour la majeure partie des établissements pénitentiaires, de réaliser une levée ou une mise sous écrou pendant les week-ends et jours fériés, aucun malade ne peut être admis dans le service (hormis le samedi matin à Bordeaux) : toute admission dans le service implique le préalable d'une mise sous écrou au centre pénitentiaire de référence de l'UHSI.

Les principales conséquences sanitaires des problèmes mentionnés ci-dessus sont de deux ordres :

- Au niveau des patients : lorsqu'un patient doit revenir à plusieurs reprises dans le service (interventions chirurgicales, suivi régulier des diabétiques, plusieurs séances de chimiothérapie, etc.), les contraintes de sécurité et l'impossibilité de fumer ou de se promener rendent plus problématique son adhésion aux soins. Il est difficile de les convaincre de revenir, et si un patient cancéreux ne peut avoir l'intégralité de son traitement, son pronostic vital sera tôt ou tard engagé.

- Au niveau des professionnels de santé : malgré une importante activité d'information à leur encontre de la part des médecins et des cadres de santé de l'UHSI, certains ont des difficultés pour entrer dans le service (notamment en l'absence de pièce d'identité avec photo), des consultations sont interrompues ou annulées du fait de la présence de surveillants, et des examens ne sont pas réalisés du fait de moyens de contention. Ces deux dernières situations sont heureusement rares, mais elles ont toujours un impact important sur les patients et les soignants.

Le travail réalisé conjointement par les acteurs de terrain, tant au niveau soignant que pénitentiaire, amène progressivement une meilleure connaissance du fonctionnement et des contraintes de chacun. Ainsi, à l'UHSI de Bordeaux, une amélioration de la prise en charge des patients est manifeste depuis l'ouverture du service (mai 2006), et cette collaboration est à l'origine de certains protocoles communs d'intervention.

Par exemple, la conduite à tenir face à un patient agité fait l'objet d'un protocole commun : le médecin évalue dans un premier temps si l'agitation est d'origine « médicale » (syndrome de sevrage chez un alcoolique chronique, délire aigu chez un patient psychotique, etc.) ou non (frustration du manque de tabac, comportement agressif sans substrat médical, etc.). Dans le premier cas le patient est pris en charge exclusivement par le côté soignant, et dans le second cas le détenu est recadré par l'administration pénitentiaire.

L'on remarque également que les nouveaux surveillants pénitentiaires, fraîchement sortis de l'École nationale d'administration pénitentiaire (Énap), s'acclimatent plus facilement que leurs aînés et appréhendent mieux les difficultés du travail à l'hôpital.

Des réunions hebdomadaires, voire quotidiennes sont utiles à la programmation des activités d'extractions sur les plateaux techniques, et des entretiens réguliers entre les responsables de terrain permettent d'aplanir les inévitables problèmes quotidiens qui peuvent se manifester. Par contre, en cas de désaccord plus important (exemple, la persistance des escortes pendant les consultations sur les plateaux techniques), les difficultés sont abordées lors de réunions institutionnelles mensuelles avec des responsables plus haut placés. Enfin, une réunion annuelle de coordination est réalisée sous la présidence du préfet de région délégué à la défense, où une synthèse de l'activité du service est présentée et les problèmes qui gênent réellement le fonctionnement du service sont abordés en présence d'autres représentants de la DISP, d'un ou plusieurs ARS des régions concernées, de la gendarmerie et de la police.

Vu du monde hospitalier, les pistes à explorer pour faciliter l'accès aux soins nous semblent les suivantes :

- améliorer la fluidité des déplacements à l'intérieur de l'UHSI : par exemple, appliquer un principe de « portes ouvertes » sauf en cas de dangerosité particulière du patient ou de manquement aux consignes de sécurité, avec présence de deux ou plusieurs surveillants dans le couloir ;

- adapter la surveillance pénitentiaire à l'état de santé des patients : cela nécessite un travail commun où l'on établit des mesures plus ajustées (ex : la mise d'entraves à un patient confiné au lit). Une personne (détenue ou non) dans la vie de tous les jours est différente lorsqu'elle est hospitalisée, quelle que soit la durée des soins : un règlement pénitentiaire spécifique aux UHSI est-il envisageable ?

- respecter strictement le secret de la consultation médicale ;

Hormis ces trois éléments qui nous semblent fondamentaux, des modifications d'organisation sont probablement possibles :

- amélioration des horaires d'escortes, afin d'étendre les possibilités de rendez-vous ;

- augmenter les possibilités d'admission des patients à l'UHSI les dimanches et jours fériés ;

- augmenter les possibilités d'extractions médicales (escortes médicales) au départ des établissements pénitentiaires ;

- sur un plan médical, il semble indispensable que les établissements de santé privés puissent être réellement accessibles aux patients détenus. Ces établissements, dans certaines zones du territoire français, regroupent des plateaux techniques qui ne sont pas disponibles dans les hôpitaux publics de proximité (exemple : la dialyse n'est réalisée à Pau que par une clinique privée qui a une convention avec l'hôpital pour les patients hospitalisés). Si un directeur d'ETP peut signer une convention avec une clinique, rien n'oblige actuellement le directeur d'une clinique à accepter cette convention.

Il reste donc du chemin à faire avant d'aboutir à ce que prévoyait la loi de 1994. Malgré les efforts communs réalisés, l'objectif « d'assurer aux personnes détenues une qualité et une continuité des soins équivalentes à celles offertes à la population générale » n'est pas encore atteint.

Table des matières

Questions juridiques aux éditions L'Harmattan

Dernières parutions

CONCILIATION ET MÉDIATION PRUD'HOMALES
Collectif GEMME-France
À l'initiative du Groupement européen des magistrats pour la médiation, conseillers prud'hommes, juges départiteurs, magistrats des cours d'appel et de la Cour de cassation ainsi que syndicalistes dressent ici un état des lieux et lancent des pistes de réflexion pour améliorer la qualité et l'efficacité de l'institution prud'homale. La question de la médiation prud'homale y est abordée avec les débats qu'elle suscite.
(12.00 euros, 108 p.)
ISBN : 978-2-343-00955-1, ISBN EBOOK : 978-2-296-53756-9

INTELLIGENCE (L') TERRITORIALE, UNE NÉCESSITÉ
Fath Bernard - Préface de Gérard Marcou
L'enjeu majeur pour les années à venir serait pour les collectivités territoriales de se doter des moyens propres à imaginer leur futur. Cependant l'État retire son ingénierie des territoires et s'ouvre sur les privatisations concurrentielles... Des solutions s'imposent, l'intelligence territoriale apparaît comme une hypothèse nécessaire pour impulser un futur mis en prospective. Le monde local foisonne d'initiatives propres à donner corps à l'intelligence territoriale.
(Coll. Grale, 27.00 euros, 274 p.)
ISBN : 978-2-343-00778-6, ISBN EBOOK : 978-2-296-53772-9

MARCHÉS (LES) PUBLICS À PROCÉDURE ADAPTÉE
Entre liberté et contrainte pour les collectivités territoriales
Ravignot Béatrice
Cette étude met en évidence les limites de la liberté octroyée aux pouvoirs adjudicateurs par le Code des marchés publics, dans le cadre de la conclusion de marchés à procédure adaptée. Du lancement de la procédure jusqu'au choix de l'attributaire et ses conséquences, les collectivités territoriales restent en effet soumises à des contraintes formelles ou procédurales, qui sont souvent identiques ou proches de celles existant dans le cadre des procédures formalisées.
(Coll. Master Collectivités territoriales et politiques publiques, 16.50 euros, 162 p.)
ISBN : 978-2-343-00223-1, ISBN EBOOK : 978-2-296-53768-2

FRANCE INTERCOMMUNALE (LA)
Regards sur la loi de réforme des collectivités territoriales du 16 décembre 2010
Sous la direction de Pierre-Yves Monjal et Vincent Aubelle
Les communautés de communes, d'agglomération et urbaines et autres métropoles, ne vont-elles pas porter un coup définitif à l'organisation décentralisée de la République ? La France n'est-elle pas sur le point de changer de mode de gouvernance locale en recourant à des procédés politiques et juridiques fondés sur les notions de mutualisation, de territoire pertinent, de développement, de communautarisation ?
(Coll. Grale, 39.00 euros, 406 p.)
ISBN : 978-2-336-29370-7, ISBN EBOOK : 978-2-296-53725-5

TRAITEMENT DES RESPONSABILITÉS CIVILE ET PÉNALE
Approche comparée en droit français et iranien
Nory Yoshanloey Jafar
La distinction contemporaine n'a pu empêcher le rapprochement pratique des responsabilités civile et pénale tant en droit français qu'iranien. Il apparaît qu'à la fonction réparatrice de la

responsabilité civile peut s'additionner une fonction punitive qui s'incarnerait dans «la peine privée», et à la fonction répressive de la responsabilité pénale une fonction réparatrice appelée «restitution pénale». Ces deux modes de responsabilité doivent se rejoindre dans une cohérence juridique afin que la justice soit rendue avec une dimension sociale.
(Coll. Sciences criminelles, 35.00 euros, 348 p.)
ISBN : 978-2-336-29122-2, ISBN EBOOK : 978-2-296-53750-7

JACQUES VERGÈS – Un aristocrate de refus
Charvin Robert - Préface de Hervé de Charette
J. Vergès, avocat des causes difficiles, ne laisse personne indifférent. Il est l'ennemi de certains ayant fait son procès dans quelques mauvais livres mais l'ami des simples gens, l'encourageant à combattre encore et toujours les puissants. Sa vie est un roman, mais il n'est pas question de faire un roman de sa vie : il conserve son mystère comme tout homme dans sa complexité. Un avocat qui possède en lui des éléments de dignité, qui a dévoré sa vie avec sincérité.
(13.50 euros, 120 p.)
ISBN : 978-2-343-00533-1, ISBN EBOOK : 978-2-296-53645-6

SANG (LE) ET L'ENCRE – Et si Christian Ranucci était innocent ?
Le Meur Yann
Christian Ranucci, 22 ans, est guillotiné le 28 juillet 1976 à Marseille pour l'enlèvement et le meurtre d'une fillette de 8 ans. De la fin de l'instruction au pied de l'échafaud, où il demande à ses avocats de le réhabiliter, il a toujours clamé son innocence. S'appuyant sur des contre-enquêtes relatives à l'affaire, le dossier pénal et de longues investigations documentaires et de terrain, ce livre aboutit à des conclusions, toutes dans le sens de l'innocence de Ranucci.
(29.50 euros, 302 p.)
ISBN : 978-2-343-00604-8, ISBN EBOOK : 978-2-296-53558-9

IMMIGRÉ (L') ET LA GESTION DU PATRIMOINE
Loubassou Nganga Maixent
Cet ouvrage met à la disposition des personnes qui viennent d'arriver en France et qui ne connaissent pas l'environnement fiscal, juridique, bancaire et financier français, des outils indispensables pour une gestion optimale de leur patrimoine : choisir le meilleur régime matrimonial, organiser ou réorganiser de façon optimale leurs placements, trouver des produits de défiscalisation adaptés, choisir le meilleur placement immobilier.
(Coll. Pour Comprendre, 12.00 euros, 106 p.)
ISBN : 978-2-336-30090-0, ISBN EBOOK : 978-2-296-53639-5

ADMINISTRATION PÉNITENTIAIRE ET JUSTICE
Un siècle de rattachement
Sous la direction de Paul Mbanzoulou et François Dieu
Depuis le décret du 13 mars 1911, l'administration pénitentiaire est rattachée au ministère de la Justice. Au-delà de l'éclairage historique, qui occupe une place notable dans cet ouvrage, les contributions réunies ici examinent le positionnement actuel de l'administration pénitentiaire, ainsi que ses perspectives d'évolution à la lumière de quelques expériences étrangères.
(Coll. Criminologie, 26.00 euros, 256 p.)
ISBN : 978-2-343-00412-9, ISBN EBOOK : 978-2-296-53667-8

DÉMOCRATIE (LA) LOCALE À LA RECHERCHE D'UN NOUVEAU SOUFFLE
Marceau Anne - Préface de Gérard Marcou
Comment peuvent se concilier démocratie représentative et démocratie participative ? La multiplication des procédures de consultation ne nuit-elle pas à leur efficacité ? Quels seront les acteurs de la démocratie locale demain : les élus, les citoyens, les habitants, les usagers ? Les outils de démocratie locale mis en place ces dernières années constituent-ils un véritable renouveau ou apparaissent-ils comme le simple rhabillage de formules anciennes ?
(Coll. Grale, 32.00 euros, 308 p.)
ISBN : 978-2-343-00118-0, ISBN EBOOK : 978-2-296-53527-5

CONSEIL (LE) DES DROITS DE L'HOMME ET SES PRINCIPAUX MÉCANISMES
Bilan et perspectives d'actions pour le Burkina Faso à l'entame de son second mandat de membre
Merindol Ouoba Clarisse
Le Conseil des droits de l'homme a remplacé la Commission des Nations unies aux droits de l'homme. Cet ouvrage contribue à la dynamique de promotion et de protection de ces droits, notamment à travers les actions entreprises par cet important organe du système des Nations unies, dont le Burkina Faso est membre depuis 2008. L'auteur apporte un regard personnel sur les quatre années de présence de ce pays en son sein.
(14.50 euros, 142 p.)
ISBN : 978-2-336-29180-2, ISBN EBOOK : 978-2-296-53513-8

NOUVEAU (LE) DROIT DU PROCÈS ADMINISTRATIF
Les évolutions choisies, les évolutions subies
Sous la direction de Jacques Fialaire et Jerry Kimboo
Plus de 10 ans après l'entrée en vigueur du Code de justice administrative, l'office du juge s'est profondément transformé. Parmi les évolutions subies par le juge administratif figure l'institution du «rapporteur public», mettant en harmonie le contentieux administratif avec le principe d'égalité des armes entre les parties, développé dans la jurisprudence de la Cour EDH. Certaines innovations procédurales destinées à accélérer l'instruction des affaires semblent, quant à elles, davantage choisies.
(Coll. Logiques Juridiques, 22.00 euros, 224 p.)
ISBN : 978-2-343-00571-3, ISBN EBOOK : 978-2-296-53519-0

GOUVERNER, ADMINISTRER RÉVOLUTIONNAIREMENT : LE COMITÉ DE SALUT PUBLIC
(6 avril 1793 - 4 brumaire an IV)
Matta-Duvignau Raphaël - Préface de Vida Azimi
Le comité de salut public se présente comme la commission de la Convention nationale ayant pris en charge, du 6 avril 1793 au 4 brumaire an IV, la surveillance, le contrôle et la direction des fonctions gouvernementales et administratives tout en ayant exercé une dictature soutenue par la Terreur. Cette étude explique comment le Comité, initialement conçu comme simple instrument de la Convention, est devenu le principal sujet actif du Gouvernement révolutionnaire.
(Coll. Logiques Juridiques, 59.00 euros, 732 p.)
ISBN : 978-2-336-29065-2, ISBN EBOOK : 978-2-296-53498-8

CONCLUSION (LA) DES CONTRATS ÉLECTRONIQUES
Étude de droits africains et européens
Kabre Windpagnangde Dominique
Les contrats électroniques se distinguent des contrats formés entre parties présentes ou conclus par les moyens traditionnels de communication à distance. Ces caractéristiques donnent lieu à un mode technique particulier de conclusion des contrats, régi par des règles juridiques qui constituent ce qu'on appelle le «droit spécial des contrats électroniques». L'ouvrage montre que ce droit spécial engendre un processus de formation du contrat différent de celui du droit commun des contrats, tant en droit burkinabé et de la CEDEAO qu'en droit européen, belge et français.
(Coll. Etudes africaines, 52.00 euros, 584 p.)
ISBN : 978-2-336-29211-3, ISBN EBOOK : 978-2-296-53666-1

AGRICULTURE (L') ET LES EXIGENCES DU DÉVELOPPEMENT DURABLE
Agriculture and the requirements of a sustainable development
Die Landwirtschaft und die Anforderungen an deren nachhaltige Entwicklung
Sous la direction de Prof. Dr. Paul Richli - Délégué général au nom du Comité européen de Droit Rural
L'agriculture et les exigences du développement durable, l'affectation et la protection du territoire rural et enfin le développement du droit rural dans l'UE, dans les États et les régions et dans l'OMC : ces trois thèmes autour de l'agriculture et les exigences du développement durable

gagnent en importance, obligeant les politiques publiques à intervenir au moyen d'une série d'instruments juridiques. (Ouvrage en trois langues).
(Coll. Droit et Espace Rural, 51.00 euros, 568 p.)
ISBN : 978-2-343-00584-3, ISBN EBOOK : 978-2-296-53656-2

SÉCURITÉ : VRAIES QUESTIONS ET FAUX DÉBATS
Sous la direction de Roger Vicot
Les questions de sécurité génèrent beaucoup de passions et commentaires. Le bon sens populaire donne libre cours à ses *a priori*, préjugés, solutions toutes prêtes, clichés et autres caricatures. L'objectif de ce livre est de dépassionner le débat et d'analyser sereinement chacune des affirmations. Chercheurs, universitaires, spécialistes, élus : une vingtaine d'entre eux ont accepté de remettre les choses en perspective mais aussi de faire émerger la réalité.
(33.00 euros, 330 p.)
ISBN : 978-2-343-00363-4, ISBN EBOOK : 978-2-296-53314-1

MÉDIATION EFFICACE (LA) – Évolutions juridiques contemporaines et techniques d'influence inédites
Sous la direction de Jacques Fischer-Loukou et Peggy Larrieu
Dirigé conjointement par une juriste et un psychosociologue, voici un état des lieux rigoureux, actualisé et très accessible sur les plus récentes dispositions juridiques se rapportant à la médiation. L'ouvrage traite sans aucun tabou de la notion d'influence, pertinente en psychologie sociale, ainsi que de quelques techniques surprenantes mais efficaces, utilisées par des médiateurs professionnels.
(25.00 euros, 254 p.)
ISBN : 978-2-343-00220-0, ISBN EBOOK : 978-2-296-53421-6

PRINCIPE (LE) DE L'AUTODÉTERMINATION DES PEUPLES – Concept et application concrètes
Huet Véronique
La démocratisation de l'État est un des objectifs prioritaires de l'ONU et d'autres organisations régionales. Les pratiques démocratiques au sein des États peuvent favoriser la paix entre eux et conduire à une culture de paix démocratique, donc de la restauration de l'État de droit. On peut conclure à l'émergence de pratiques démocratiques fondées sur une certaine revalorisation de l'individu au sein de la société étatique, et même internationale, par le prisme de la protection des droits humains et du droit à la dignité.
(23.00 euros, 230 p.)
ISBN : 978-2-343-00274-3, ISBN EBOOK : 978-2-296-53256-4

INTERACTIONS DU DROIT INTERNATIONAL ET DU DROIT DE L'UNION EUROPÉENNE
Un pluralisme juridique rénové en matière de propriété industrielle
Ben Dahmen Khedija
Étudier la protection de la propriété industrielle dans l'optique des rapports de systèmes et en ciblant les interactions du droit international et du droit de l'Union européenne, présente un grand intérêt à plus d'un titre : d'une part parce que cette étude s'attache à explorer l'essence même de la globalisation. D'autre part, à travers le fonctionnement de la globalisation, les rapports de systèmes traduisent la mouvance sociale, économique, culturelle d'une ère qui induit donc un pluralisme juridique rénové.
(Coll. Logiques Juridiques, 56.00 euros, 670 p.)
ISBN : 978-2-296-99771-4, ISBN EBOOK : 978-2-296-53388-2

L'HARMATTAN, ITALIA
Via Degli Artisti 15; 10124 Torino

L'HARMATTAN HONGRIE
Könyvesbolt ; Kossuth L. u. 14-16
1053 Budapest

ESPACE L'HARMATTAN KINSHASA
Faculté des Sciences sociales,
politiques et administratives
BP243, KIN XI
Université de Kinshasa

L'HARMATTAN CONGO
67, av. E. P. Lumumba
Bât. – Congo Pharmacie (Bib. Nat.)
BP2874 Brazzaville
harmattan.congo@yahoo.fr

L'HARMATTAN GUINÉE
Almamya Rue KA 028, en face du restaurant Le Cèdre
OKB agency BP 3470 Conakry
(00224) 60 20 85 08
harmattanguinee@yahoo.fr

L'HARMATTAN CAMEROUN
BP 11486
Face à la SNI, immeuble Don Bosco
Yaoundé
(00237) 99 76 61 66
harmattancam@yahoo.fr

L'HARMATTAN CÔTE D'IVOIRE
Résidence Karl / cité des arts
Abidjan-Cocody 03 BP 1588 Abidjan 03
(00225) 05 77 87 31
etien_nda@yahoo.fr

L'HARMATTAN MAURITANIE
Espace El Kettab du livre francophone
N° 472 avenue du Palais des Congrès
BP 316 Nouakchott
(00222) 63 25 980

L'HARMATTAN SÉNÉGAL
« Villa Rose », rue de Diourbel X G, Point E
BP 45034 Dakar FANN
(00221) 33 825 98 58 / 77 242 25 08
senharmattan@gmail.com

L'HARMATTAN TOGO
1771, Bd du 13 janvier
BP 414 Lomé
Tél : 00 228 2201792
gerry@taama.net

654225 - Mai 2016
Achevé d'imprimer par

1livre.com
du rêve à la réalité !

www.ingramcontent.com/pod-product-compliance
Lightning Source LLC
La Vergne TN
LVHW021210061026
849535LV00008B/2656